옷벌

옷벌

강화자 수필집

| 작가의 말 |

힘들여 글 길을 찾았습니다.
찬바람이 휑하니 불었지만 안에서는
침묵으로 반겼습니다.

말이 넘치는 세상에서 만난 또 다른 세상은
경이였습니다.
말을 배우는데는 몇 년이 걸리지만
침묵을 배우려면
몇십 년으로도 부족하다는 말이 떠올랐습니다.

마음을 덥혀 부드러우면서도 여문 것을
가슴에 담았습니다.
추억과 일상을 곱씹어 빛나지는 않아도
유연한 별을 만들어 보려고 애썼습니다.
지도해 주신 스승님께 고개 숙여 감사드리며
변함없이 북돋워 준 가족에게 고마움을 보냅니다.

2019년 여름

강화자

옻별

차례

1부

폐지 부처님

2부

거꾸로 가는 열차

3부

치자꽃에 얼굴을 묻고

4부

홀로 앉다

1부

폐지 부처님

원圓/ 폐지 부처님/ 옻별/ 휘게Hygge/ 혈도血圖
그래도/ 모두가 스타/ 하루를 시작하는 힘/ 버킷 리스트

원圓

보츠와나의 쵸베강에 다다랐다. 보랏빛으로 잔잔하게 흐르는 물과 함께 흔들리는 보트에 몸을 맡긴다. 바오밥나무에 걸린 새털구름이 면경알 같은 강에 고스란히 앉아 있다. 강물이 잘락잘락 뱃전에 부딪히며 멀리서 온 손님을 환영한다.

야생동물 멸종 방지를 위해 만든 아프리카 남부 내륙 쵸베국립공원에는 많은 동물이 생활한다. 사륜 구동차나 보트를 타고 사파리에 나서면 운전사들끼리 무전으로 연락해

가며 동물이 있는 곳으로 안내해 준다. 우기에는 사자, 표범, 치타 등 맹수가 동굴에 칩거해 버리지만, 여러 야생 동물들의 일상을 가까이에서 볼 수 있다.

코끼리 가족이 육중한 머리와 등을 차례로 들락거리며 수영을 하는 게 신기하다. 매끈한 몸과 까만 눈을 가진 예쁜 임팔라는 곧은 다리가 약해 보이지만, 밝은 눈과 귀, 예민한 코로 맹수를 경계한다. 위급하면 사자보다 빨리 달리고 제 키의 두세 배나 뛰어오를 수 있다니 놀랍다. 개코원숭이가 자신을 봐 달라는 듯 새끼를 풀밭에 눕힌 후 털을 골라 주고, 기린은 고개를 길게 뺀 채 잘 생긴 얼룩말을 쳐다본다. 갈색 몸에 흰 줄이 네댓 개 그어진 동물이 말인 줄 알았는데 머리를 보니 순하고 예쁜 사슴이다. 버펄로 한 마리가 웅덩이에 앉아 열반에 든 듯 편안히 눈을 감았기에 자는가 했더니, 여남은 마리의 새가 붙어 몸 벌레를 잡아먹고 부지런히 귓속을 파고 있다. 작은 새들이 배설물을 처리하고 기생충까지 없애 주니 물소는 한껏 기분이 좋은가보다.

하루의 절반 이상 물속에 살면서도 헤엄을 치지 못해, 키 정도 깊이에서 걸어 다니는 하마도 우습다. 저 너머 가핀 늪에서 큰 하마가 네 다리를 하늘로 뻗고 있다. 가까이 가서 물속에 잠긴 머리를 보려다 깜짝 놀라 두 눈을 질끈 감아 버렸다. 악어가 눈을 반짝이며 하마의 뱃속 살점을 떼어 물고 나온다. 늙어 무리에서 퇴출된 하마가 죽어서 뜯어 먹히고 있다. 뒤통수가 묵직해 돌아보니 멀리서 피 냄새를 맡은 악어 떼가 시커멓게 몰려온다.

하마는 아프리카의 폭군이며 강의 지배자다. 날카로운 송곳니로 사자 열 마리를 대적하고, 그의 두꺼운 가죽을 뚫을 수 있는 것은 코끼리의 상아와 코뿔소의 뿔뿐이다. 그러나 건드리지만 않으면 올라간 입 꼬리로 늘 웃는 순한 성정도 지녔다. 영역을 목숨같이 귀하게 여겨 다른 동물이 침범하면 무차별 공격해서 한쪽이 심하게 다치거나 죽을 때까지 싸운다. 그 하마도 생명이 끊어지면 무력하게 자연의 법칙을 따른다.

쵸베강의 하마는 하루의 대부분을 물에서 지내다 밤이 되면 초원으로 나와 풀을 한 가마니씩 뜯어먹는다. 동이 트면 다시 강으로 와 소화시킨 뒤 배설하고 꼬리를 흔들어 넓게 흩뿌리는데, 그것이 수중생물들의 먹이가 된다. 죽음이 다가오면 하마는 세상과 하직할 준비를 한다. 숨이 끊어지면 썩을 몸을 쵸베강 식구들에게 주려고 작정한다. 강을 향해 한 걸음씩 내려오는 늙은 하마의 몸에서 진동 같은 울림이 인다. 그것은 목소리가 아니고 말도 아니며 침묵도 아니다. 하마가 온몸의 힘을 놓아버리는 순간의 소리다.

딱딱하던 나무의 결이 잎을 낼 때 부드러워지듯, 두텁고 질기던 그의 가죽도 말랑말랑해진다. 물과 하마, 악어까지 햇빛 속에서 빛난다. 몸을 전부 악어에게 내주며 조용히 생의 끝자락을 마무르는 마지막 모습이 경이롭다.

야생의 세계에서 동물들은 서로 싸우지만 줄 수 있는 것은 미련 없이 내놓는다. 하마와 마찬가지로 고래 한 마리가 죽으면 청소 상어, 먹장어, 게들이 살을 발라 먹고, 심해 동물과 미생물까지 그 뼈와 찌꺼기에서 양분을 취한다. 육지에서라면 썩어 사라질 고래가 심해에서는 백 년 동안 다른 생물에게 영향을 준다. 그들은 제각기 살아가는 듯하지만 이 팽이가 돌면 저 팽이도 도는 것처럼 서로가 연결되어 있다. 식물이 만든 잎과 열매를 동물이 먹고, 그 배설물의 영양으로 초목이 자란다. 모두가 생명이라는 점을 중심으로 원圓을 만들며 돈다.

얼마 전 호주의 생태학자 데이비드 구달 박사가 본인의 뜻에 따라 생을 마감했다. 그는 장례식과 추모 행사를 거부하며 시신을 해부용으로 기증하라는 유언을 남기고 안락사를 택했다. 스스로의 인생에 종지부를 찍으며 몸을 필요한 곳으로 보내는 결단에 머리가 숙여진다. 이렇게 삶을 마감할 수 있어서 행복하다고 말한 그의 죽음이 오히려 신성하게 느껴졌다.

다가오는 노년의 시간을 찬찬히 들여다본다. 삶은 이어지는 과정이면서 죽음을 품고 있다. 이제 나도 어떤 것이

참된 아름다움인지 분간할 수 있을 만큼 나이를 먹었다. 삶의 마침표를 찍으면서 보여준 하마의 모습과 구달 박사의 결정에서 생각의 방향을 찾는다. 보기 좋은 것과 아름다운 것이 반드시 일치하지 않는다는 것을 깨닫는다. 인생이 끝나는 순간 세상에 몸을 주고 가는 것이 삶을 잘 마무리하는 방법이겠다.

장기기증본부에서 온 생명 나눔이라는 글씨가 더욱 선명해 보인다.

폐지 부처님

가야산 소리길을 눈으로 간다. 이곳저곳을 둘러보며 내려가던 눈길이 한곳에 묶였다. 매점으로 쓰던 건물의 문이 열려 있고 알 수 없는 기운이 밖으로 뻗어 나온다. 쓰다 버린 상자와 포장지 등의 폐지로 두껍게 뭉쳐진 종이가 노란 테이프로 빈틈없이 발라져 있다. 자세히 살펴보니 불상 모양이다. 버려진 종이를 모아 불체를 조성하다니. 순간 나도 모르게 눈앞이 확 열려 옷깃을 여몄다.

이 불상은 보통 부처님처럼 청동이나 번쩍이는 금박을

입히지 않았다. 사물 중에서도 가장 낮고 못난 버려진 것으로 만든 탓인지 오히려 청정한 고요함이 몸에서 배어 나온다. 사방을 종이로 발라 굴이 된 모양도 석굴암에 못지않은 성스러운 느낌을 준다.

어느 미술가 그룹이 상점으로 사용되다 버려진 육각정을 종이 법당으로 개조했다. 전국에서 폐지를 수집하는 노인 백여덟 명이 주워 모은 것을 노란 테이프로 감아 굴을 만들고 그 안에 불상을 안치했다. 복장 유물로는 노인들의 소원을 적어 넣었다. 육각정이 매점으로 쓰였다는데 착안해서 매점불이라 명명했다.

매점불은 반듯한 두상에 동글동글한 곱슬머리를 지니고 있다. 눈은 세상 모두를 자세히 들여다보고 보살펴 주기 위해 투명하면서 인자하다. 간조롱하게 다문 입은 속마음을 심언心言으로 전달하여 모두 알아들을 수 있게 할 것 같다. 귀는 어려운 사정과 소원을 하나도 놓치지 않도록 크게 열려 있다. 오른팔은 힘든 사람들의 걱정을 가라앉히느라 너무 바쁘게 움직여 근육살이 올랐다. 단청 칠한 손끝과 가부좌를 튼 다리에도 간절한 소망이 얹혀 있다. 가슴에는 아직 해결해 주지 못한 희원이 가득 들어 있을 것만 같다. 그래도 매점불은 중생들의 무거운 짐을 가타부타 따지지 않고 모두 거두어들인다.

일반 사찰의 부처님은 보통 대웅전의 높은 좌대 위에 앉아 있다. 부처님을 마주 보고 앉으면 세심교 밖 세상과 단절된 청정한 분위기에 저절로 녹아든다. 하지만 형편이 어려우면 그런 기분을 느낄 수가 없다. 시주가 의무는 아니지만 시주함이 앞에 놓여 있으면 법당으로 선뜻 들어가기가 어렵다. 대웅전 밖에서 불상을 향해 허리를 깊이 숙일 뿐이다. 그런데 매점불 부처님은 가진 것 없는 이가 원하는 것을 적어 넣을 수 있게 소원함을 앞에 놓았다. 메모지와 볼펜까지 마련해 뒀으니 누구라도 가벼운 마음으로 소망을 적어 넣을 수 있다.

매점불은 길옆에 자리하고 있다. 일주문도 사천왕도 없

고 주지스님은 더더욱 없다. 누구의 눈치를 볼 필요 없이 언제든지 쉽게 들를 수 있다. 가게로 쓰다 버린 육각정이니 세상에서 가장 값싸게 지은 사찰이겠다. 소원함에는 시줏돈이 아니라 눈물이 쿨렁쿨렁 흐를 애틋한 사연이 가득할 것이다. 매점불님은 시주 걱정은 말라며 손사래를 치느라 한쪽 팔을 조금 치켜들었다. 그 몸짓이 무엇보다 큰 위로와 용기를 준다.

좋아하는 음식을 열거하기는 쉽지만 그중에서 한 가지를 고르라면 선택하기가 어렵다. 그렇지만 잊을 수 없는 밥 한 그릇을 기억해 보라면 쉽게 떠오른다. '잊을 수 없는 밥 한 그릇'은 특급 호텔의 뷔페 음식이나 만찬 요리가 아니다. 객지 생활을 하다가 고향 집에 들렀을 때 어머니가 차려 내준 밥을 잊을 수 없다. 쌀밥이든 보리밥이든 상관이 없다. 배고프고 힘들어 지쳤을 때 누군가가 차려 준 따뜻한 밥이 외로움과 아픔을 가라앉히기도 한다. 감정을 다독여 편안하게 해 주는 밥상을 마련해 주는 이가 마음의 치유자다.

밥 한 상을 굳이 비유한다면 내겐 포근한 손길과 눈길로 어머니처럼 보듬어 주는 부처님이다.

매점불의 얼굴을 자세히 올려다본다. 다소곳이 앉은 모습에서 50여 년 전 시장 골목의 어머니를 떠올린다. 그때 어머니는 오일장 담벼락에 앉아 채소를 팔고 있었다. 내 공납금 마감일이 며칠 앞으로 다가왔는데 돈이 모자랐다. 고심 끝에 열무랑 콩잎을 내다팔기로 했다. 연한 열무와 보드라운 콩잎을 다발로 묶어 시장으로 갔다. 경험이 없는 어머니는 젊은 새댁의 흥정에 머쓱하고 씁쓰레했지만 공납금을 마련해야 하니 어쩔 수 없었다. 자식을 위한 일이라고 마음을 강하게 다졌다. 쉽게 팔리지 않아서 오랜 시간 앉아 있었지만 그때 엄마의 모습은 당당했다. 고개를 약간 숙였지만 어깨가 반듯하고 허리가 꼿꼿한 매점불의 모습이셨다.

불교에서 108이라는 숫자는 모든 번뇌를 상징한다. 이 숫자에 일치하는 백여덟 어르신들이 모은 찢어지고 버려진 폐지로 불체를 조성했다니, 흙바닥에서 자애로운 한 분 스승이 태어난 셈이다. 문턱 낮은 매점이라 언제든지 혼자라도 들러 위로받을 수 있으리라는 신념으로 바뀐다. '잊을 수 없는 밥 한 그릇' 같은 매점불이 오가는 사람들이 복을 얻도록 돕고 있으니, 세상의 어느 부처보다 낮으면서도 높기만 하다.

산을 내려오는 길옆의 나무와 돌과 풀잎들이 매점불에 눈길을 준 덕분인지 유달리 깨끗한 기운을 지니고 있다. 고개를 들어 하늘과 구름과 햇살에 눈길을 준다. 육각정 안에 앉은 폐지 부처님이 나를 지켜보듯 그것들도 아래를 내려다보고 있다. 세상은 모두가 바라보는 피안의 세계이다.

옻별

갓 끓인 커피잔을 쟁반에 놓았다. 가장자리에 반듯한 굽이 둘러져 있어 찻잔 두 개가 자리하기엔 안성맞춤이다. 요즘 시대에 맞게 원목에다 옻칠만 몇 번 올린 게 맘에 든다. 짙지 않은 담갈색이라 거실에 있는 소파와도 잘 어울린다.

통영 옻칠미술관 앞에 갔던 적이 있다. 차가 한 대도 없는 넓은 주차장에는 찬바람만 불었다. 흰색 타일 건물이 비스듬히 뻗어 있는 전시실은 바깥손님이 궁금한 듯 복판 창이 빼꼼이 열려 있었다. 통유리로 된 본관과 오른쪽의 실습실도 개방 중이었다. 방문객이 많지 않아 휑해 보이는 건축물들이 서로 기대어 빈 곳을 채워 주었다.

외벽 가장자리를 따라 옻칠 공예품들이 전시되어 있다. 깔끔하게 뿜어내는 옻의 광채에 눈이 번쩍 뜨인다. 그중 색이 다른 한 쌍의 다리가 시선을 잡는다. 한쪽은 강렬한 원색으로 쫙 뻗으며 남성의 힘을 드러내고, 다른 쪽은 붉고 동그란 무늬가 종아리로 퍼지며 매끄럽고 유연한 여성의 마음을 보여준다. '인연'이란 작품명답게 잘 어울린다. 말이 넘쳐서 정신이 혼미한 이 시대에, 침묵을 뜻하는 작품들을 마주하니 마음이 경건해진다. 공예품을 하나하나 감상하다 작은 조가비가 수많은 별로 박힌 '밤하늘'을 만났다. 불시에 캄캄한 하늘이 내려와 앉고 무수한 별들이 반짝인다.

잠자고 있던 감성이 되살아나면서 어릴 적 고모와 외출한 때가 생각난다. 건넛마을에서 친구와 만난 고모는 시간 가는 것도 잊고 이야기 속으로 빠졌다. 이슥해서야 돌아오는 깜깜한 길은 무섭고 아득했다. 무지개다리를 건너오는데 아래에서 찰찰거리는 물소리가 났다. 예부터 밤늦은 거랑에는 찰찰이 귀신이 목욕한다는 소리를 들었던 게 생각났다. 두려움으로 오금이 저려 맥없이 주저앉아 버렸다. 고모가 하늘을 가리키며, 찰찰이가 우리를 해치지 못하게 저 별이 지켜준다고 했다. 그날 은하수 위에 놓인 궁수자리는 더 총총히 빛났다. 나는 고모의 팔을 꼭 잡고 집으로 올 수 있었다.

우리는 기쁨과 만족을 느끼며 살고 싶어 한다. 그것은 쉽게 주어지는 게 아니라 스스로 찾아서 챙겨야 한다. 대상을 진심으로 믿으면서 원願을 넣으면 바라는 대로 될 수가 있다. 그날 무서움에 떨던 나와 고모가 하늘을 보며 간절히 도움을 청하자 궁수자리별이 밝게 화답했다. 그것이 인간과 사물의 간격을 메꾸는 힘이라고 믿는다.

그 별이 지금 내 앞으로 내려왔다. 수많은 빛으로 반짝이며 몸을 에워싸 하늘로 떠오르는 듯 황홀하다. 은하수를 밝게 드러내는 궁수자리를 찾으려고 눈을 크게 뜨자 여남은 개의 별이 다가온다. 그중 똑똑하고 착하다는 신화 속의 케이론을 잡아 보려고 팔을 뻗다 퍼뜩 정신이 들었다. 그동안 나는 헤어짐이 아쉬워 오래도록 서서 별들을 하나하나 눈 속에 담고 있었던 게다.

반대편에는 생활 용기들이 둘러앉아 방문객을 반긴다. 일상에서 쓰이는 식기와 수저, 찬기와 술잔들을 보니 옛 친구를 만난 듯 기쁘다. 문득 한켠에 우두커니 선 네모 쟁반 하나가 내 눈길을 붙든다. 가운데로 흐르는 나뭇결을 들여다보니 마치 은하수 마냥 길을 내고 있다. 그때 여기저기서 별들이 튀어 올라 반짝인다. 옻별 은하수가 이곳에 내려앉았다. 가장자리에 굽이 있어 별이 밖으로 쏟아지지 않겠다. 차 쟁반으로 쓰면 좋겠다 싶어 얼른 구입하였다.

옻칠은 몇천 년 전부터 전해져 오던 전통문화 예술이다. 옻나무의 수액을 채취해 칠을 하고 말리기를 반복하여 뛰어난 광채와 장식성이 잘 보존된다. 합천 해인사의 팔만대장경 판이 천년을 이어오고 있는 것도 옻칠 덕분이라고 한다. 나전칠기는 누구나 한번쯤 갖고 싶어 했던 가구였지만 광복 이후 찾는 사람이 줄어들어 사양길로 접어들었다. 천년의 전통이 단절되고 몇몇 작가에 의해 겨우 명맥이 유지되었다.

옻칠을 살리는데 앞장선 분이 관장인 김성수 선생이다. 학창 시절 전통 칠기법을 배운 그는 꾸준히 작품을 만들고 기량을 연마했다. 끊임없는 연구로 옻칠 예술을 발전시켜 국제시장으로 활동 범위를 넓혀 갔다. 옻칠화 순회전을 열어 진가를 세계에 알리고 옻칠 회화의 창시자가 되었다.

여든이 넘은 고령의 스승이 전시실 옆에서 제자들을 가르치고 있다. 작업실은 옻칠의 전통 복원을 위한 스승과 제자의 열기로 달아오른다. 그에 못지않게 완성되어가는 옻칠 작품들도 천연 광채를 더하고 있다.

오래 달인 옻은 색이 검고 불투명해서 내부를 덮어버리고 윤이 나며, 한두 번 졸인 것은 속을 그대로 드러내 보호하면서 광택을 낸다. 밤하늘에서 밝게 빛나는 별은 명예와

돈과 지위를 나타낸다고 좋아하지만, 우주만 보아도 멀리 있거나 다른 것에 가려서 눈에 띄지 않는 성운이 훨씬 더 많다. 그들은 드러나지 않으면서도 지향하는 길을 충실히 가고 있다. 보이지 않는 별과 투명한 옻칠을 합쳐서 옻별이라 이름 짓는다.

큰 공적을 이루어 모두에게서 우러러보이는 유명인사가 있다. 거듭된 연구와 최선의 노력으로 성과를 낸 사람이지만 간혹 속이 텅 비어 있으면서 겉치레만 번드레하게 꾸민 이가 있다. 전자보다 폼을 재는 후자가 더 잘난 체하는 것을 가끔 본다. 내실은 마음을 살찌게 하고 허영은 정신을 병들게 한다. 무슨 일이든 깊이 생각하고 판단해서 해야 할 것이다. 남 앞에서 겸허하고 스스로는 강직하라는 말을 생활의 지표로 삼아야 하겠다.

요즈음 나의 하루를 반기는 빈객이 생겼다. 차 쟁반의 옻별이다. 커피, 녹차, 쌍화차뿐만 아니라 다기, 유리, 나무잔과도 고르게 어울리며, 소박한 다과와도 조화를 이룬다. 무엇보다 어릴 때부터 나를 지켜주던 궁수자리별이 함께한다. 그것은 화려하면서도 사치스럽지 않고 검소하지만 당당하게 반짝인다.

속이 훤히 내보여도 부끄럽지 않고 야무진 옻별이 되고 싶다.

휘게 Hygge

만원인 시내버스다. 차가 멈출 때마다 "안녕히 가십시오."라는 소리가 크다. 두 정거장 지나서 또 들린다. 기사 아저씨다. 그는 차에 오르내리는 사람을 향해 매번 깍듯이 인사한다. 승객들도 "감사합니다. 수고하세요."라고 화답하지만 묵묵부답인 사람들이 더 많다. 바빠서 혹은 귀찮아서일 것이다. 그럴수록 그는 더 목청을 높인다. 종일 운전하는 것도 힘들 텐데 손님들을 배려하는 마음이 안쓰럽다.

목욕탕에 다녀온 남편의 입이 벙글해졌다. 옆에 앉은 젊은이가 마음대로 등밀이가 되지 않아 끙끙거리더란다. 보기가 딱해 "좀 밀어줄까?" 했더니 "그래주면 고맙지요. 제가 먼저 씻어 드릴게요." 했다. 자신은 밀었다 하고 그의 등을 씻어 주었다. 탈의실에서 옷을 다 입어 갈 즈음 젊은이가 급하게 뛰어나오더니 "어르신 고맙습니다." 하면서 음료수를 사서 내밀었다. 남편은 목욕탕에 가서 때만 씻은 게 아니라 마음의 먼지까지 다 비우고 왔다고 했다.

오래전 은행에 갔을 때다. 창구 앞에 앉아 순서를 기다렸다. 시간이 제법 흘렀는데도 차례가 오지 않아서 살폈더니 오는 이마다 기계에서 번호표를 뺐다. 그제야 일어나 표를 뽑자 뒤에 앉은 청년이 "일찍 오셨는데 늦게 온 제가 뒷번호를 가져야지요." 하면서 바꾸자고 했다. 창피스러워서 손사래를 쳐도 기어이 떠미는 통에 따를 수밖에 없었다. 강촌의 튼실한 나무를 떠오르게 하는 멋진 청년이었다.

친구들과 무궁화 열차를 타고 경주에 갔을 때도 잊지 못한다. 역 건너편 성동시장에 갔더니 특이한 음식점이 눈에 들어왔다. 반찬들을 수북이 담아 놓은 시장 뷔페였다. 예전의 엄마 손맛과 비슷해 친정에 온 듯 실컷 먹었다. 안압지와 반월성과 첨성대를 거쳐 천마총을 두루 살핀 후 역으로 오니 아직 기차 시간이 멀었다. 다시 시장으로 가서 구경하다 깨끗한 산나물을 한 봉지씩 사 들고 와서 대합실에 앉았다. 열차를 기다리며 담소 중인데 뒷자리의 낯선 아낙이 다가왔다. 우리가 들고 있는 봄나물을 자기도 사고 싶단다. 시장에 다녀오려니 짐이 많아서 힘들다며 잠깐 맡아주었으면 한다. 이곳이 내 고향이라 이웃을 만난 듯 선뜻 그러라고 했다. 돌아온 그녀의 손에는 산나물 봉지 외에도 생수 한 병이 들려 있었다. 갑갑하던 참에 넷이서 시원하게 들이켰다.

우리는 바쁜 세상에 살고 있다. 하지만 각자 처한 환경에 따라 꿈을 꾼다. 태어나 몇 해만 지나면 어린이집을 시작으로 이곳저곳의 학원에 보내진다. 학교에 들어가면 여러 과외 수업까지 받으며 공부와 시험에 매달려야 한다. 놀이나 취미는 뒷전이고 지식을 익히는 인간 기계가 돼 버린다. 취업할 때가 되면 안정된 직장 구하기에, 취직이 되면 업무와 승진에 온 힘을 쏟는다. 아니 강요받는다는 게 맞을 것이다. 사방이 해야 할 일들로 꽉 차서 정신이 없다. 그러니 평소에 좋아하던 취미생활이나 자기계발은 부담이 되기도 한다.

녹록지 않은 삶이다. 빠른 자는 추월하려 들고 느린 사람은 가로막으려 한다. 하루가 다르게 변하는 세상에서 남의 잘못으로 요행수를 바라기도 한다.

이런 사람이 많아서일까. 휘게Hygge라는 생활방식이 관심을 받고 있다. 휘게는 덴마크어로 안락함을 뜻하며 소소한 행복을 말한다. 사람들과 어울리거나 혼자서 순간의 편안함을 만끽하는 것이다. 이야기를 나누거나 밥을 먹으며 영화를 보고, 차를 마시며 창밖을 내다보다 서로를 챙기는 것도 아늑한 삶이다. 목련꽃 같은 눈으로 바라보는 세상은 맑을 것이고, 장미 향 머금고 대한 현실은 향기로울 것이다.

사람들은 대개 듣는 것보다 말하기를 좋아한다. 그러나

다른 이의 목소리에 귀 기울이는 것도 중요하다. 상대방의 말을 듣는다는 것은 자신의 존재를 잊는 것 같지만 스스로에 대해 더 많은 것을 느낄 수 있다. 우리 앞의 온갖 대상들을 멀찌감치 바라보며 가능성이 열려 있다는 마음으로 기다리면 노력의 결과가 꿈꾸는 삶 속으로 들어온다.

삶은 거창한 것이 아니다. 가끔 퇴색된 추억들을 떠올려본다. 어렸을 때 개울에서 멱 감던 일과 낯설던 초등학교 입학식, 동무들과 걷던 먼지 날리는 신작로…. 이것들은 마음의 고향이라 평안을 느끼게 한다. 가식 없는 이야기가 우리를 일으켜 세운다.

목욕탕에서 음료수를 대접하던 젊은이, 은행에서 차례를 챙겨 주던 청년, 처음 본 사람을 믿고 짐을 맡기던 아주머니를 생각하니 사람의 향기가 마음속까지 스며든다.

버스에서 내리며 기사 아저씨에게 곰살갑게 인사한다.

"고맙습니다."

혈도 血圖

그림 앞에 섰다. 사방으로 문이 있는 타원형의 성곽이 무대가 되어 있다. 무너진 곳으로 적들이 난입하고 성안 곳곳에서 창과 칼과 화살로 목숨 건 혈투가 벌어진다. 장정뿐만 아니라 아녀자까지 적에게 맞선다. 침묵의 그림 속에 아수라의 함성이 들끓는다. 사방으로 튀던 피가 흥건하게 고여 그림 밖으로 흘러내리는 듯하다. 그런 와중에 한 장수는 졸개를 거느리고 왼쪽 문으로 줄행랑을 치고 있다. 중과부적을 절감한 부사가 조복을 걸치고 북쪽의 임금께 예를 올린다.

동래읍성의 임진왜란 역사관에서 만난 '동래부 순절도'이다. 성이 함락되던 날 시차를 두고 벌어진 일이 그대로 재현되었다. 결전을 벌이다 순절한 송상현 부사와 침략에 대항하는 군사와 민초들의 모습이 자세하게 보인다. 명나라를 치기 위해 조선을 거쳐 가겠다는 명분으로 왜장이 성안으로 팻말을 던졌다. '싸우고 싶거든 싸우고 싸우지 않으려면 길을 비켜 달라戰則戰意 不戰則可道'는 내용이다. 만 오천이 넘는 적에 비해 동래성은 군관과 백성을 다해도 삼사천 명이라 조총까지 가진 그들을 이기기는 역부족이었다. 그러나 송부사는 '싸워서 죽기는 쉬워도 길을 비켜 주기는 어렵다戰死伊 可道難'는 글로 응수하며 항전의 뜻을 밝혔다.

군인들이 동문 밖의 적에게 비처럼 화살을 쏟고 가까이 온 놈은 창으로 내려찍었다. 송부사가 성밖에 해자를 파고 목측과 장벽을 쌓아 놓아 고전하던 왜군이 장대 끝에 허수아비를 달고 올라왔다. 조총 맞은 병졸들이 피를 흘리며 고

꾸라졌다. 애를 끓이던 선비와 농민과 스님까지 일어나 곡괭이와 삽으로 치고 낫으로 항거했다. 아녀자들은 호미로 찍고 기왓장을 떼어 내던졌다. 하지만 신무기에는 역부족이라 순식간에 성 안이 핏빛으로 물들었다. 시간을 끌수록 백성의 희생만 늘자 송부사는 의관을 정제하고 북쪽을 향해 절을 했다. 부모님께 임금과 신하의 도리가 중해 먼저 간다는 하직의 편지를 쓴 후 처연히 적의 칼에 베인다. 애첩 금섬까지 항거하다 죽임을 당한다.

그때 서문을 통해 도망가는 인물이 있다. 조정에서 동래성 전투의 원군으로 보낸 경상좌도 군사 책임관 이각이다. 왜적의 군세가 수만이라는 소리에 놀라 성 밖에서 지원하겠다는 말을 남긴 채 군졸을 끌고 달아나버렸다. 지방의 군대를 통솔하여 고을을 지키는 무관이 적의 숫자와 무기에 지레 겁먹고 빵소니치다니…. 안타깝고 화기가 치민다.

편치 않은 마음을 돌려 '송공단'으로 갔다. 순절도 속의 일부 선연들이 계신 곳이다. 중심에 송부사의 비가 있고,

옆으로 관직에 있던 자와 이름도 남기지 못하고 전사한 이들이 빗돌로 서 있다. 고개를 숙여 예를 드리다 보니 뒷담 아래에 나란히 선 것이 눈에 들어온다. 동래성 전투에서 기왓장과 농기구로 대항하던 의녀, 관리들의 부인, 아녀자 등 여인들을 추모하는 비석이다. 군관은 물론이고 벼슬이 없는 상민들까지 왜적에 맞서 싸웠다는 사실이 가슴을 울린다. 한참 쓰다듬다 나오는데 오른쪽 담 밑에서 큰 소나무 옆에 선 석비가 눈길을 잡는다.

관비인 철수와 매동의 효충비다. 그들은 노비였으나 수령이 불가항력으로 적의 칼에 쓰러지자 목숨 걸고 그 시체를 거두었다. 원병으로 왔다가 제 생명 부지하려고 도망치는 책임관이 있는 판에 용기와 충성심으로 마음을 흔드는 의인이다. 그들은 노비가 아니라 시대의 용사요, 영웅이다. 이 사실은 왜장의 마음까지 움직여서 전투가 끝난 뒤 송부사의 장례를 치러 주었다 한다.

그 후 사백 년이나 지나 도시철도 건설 공사 중 그들 유해

일부가 발굴되었다. 석축을 걷어 내자 오랜 세월 펄 속에 묻혀 보존 상태가 양호한 인골들이 있었다. 감정해보니 남성과 여성에다 아이까지 팔십여 개체였는데 칼에 베이고 총알과 화살에 관통된 흔적까지 남아 있었다. 전란에서 무참히 학살된 백성들은 주검조차 거둘 이가 없어 차디찬 해자 속에 내버려 졌던 것이다. 같이 발견된 활과 창 갑옷 중에는 동래진상東萊鎭上이라는 글자까지 그대로 남아 있었다.

어떻게 살아야 할 것인가. 그리고 무엇을 위해서 목숨을 내놓아야 하는가. 많은 생각이 일어난다. 기뻐하는 감정과 성내는 것이 한계를 넘지 말아야 하겠다. 좋아함과 싫어함에도 법도가 있어야 한다. 중심을 세우고 자신의 몸을 조화롭게 다스려야 하리라. 하찮은 것에 겁먹어 용기가 꺾이고 쓸데없는 일에 신경 쓰다가 아무것도 아닌 것에게 무릎 꿇지 않아야 한다. 진정 소중한 것은 세상에서 사라지는 자체가 아니라 죽을 때까지 제대로 살아가는 삶이다. 아직 살아보지 못한 삶을 사는 것이 중요하다.

그림 앞에 섰다. 피비린내가 난다. 민초들의 비명과 아우성과 울음소리가 귀에 가득 찬다. 나라 위해 몸을 던지며 토한 핏빛 통곡이 가슴으로 들어온다. 일생을 자신보다 상전과 가족을 위해 쏟던 땀이 내 옷까지 젖게 한다.

요즈음 우리나라를 비롯해 세계 곳곳에 새로운 지도자가 선출됐다. 국민을 위해 올바른 정치를 하겠다고 약속했고 우리는 그것을 믿었지만 예상처럼 세상이 평온하지 않다. 뉴스와 방송, 신문까지 온통 증언, 구속, 적폐 청산이라는 말이 넘쳐 나서 편하게 읽고 볼 수가 없다.

동래부 순절도는 시대의 축도다. 구호로만 나라를 위하는 사람들이 순절도 앞에서 걸음을 멈추고 생각해 보았으면 한다. 정치를 위한 정치가 아니라 국민을 위한 정치를 해야 할 것이다. 서로 먼저 가겠다고 다투는 길은 좁지만 한 걸음 물러서면 그만큼 넓어진다. 진하고 화려한 것은 금방 싫증나니 맑고 담백한 것이 더 오래 가리라. 마음이 갈피를 못 잡고 어지러울 때는 스스로 일깨우고, 긴장되고 굳었을 때는 풀어줄 줄도 알아야 한다. 사대부가 권세를 탐내고 총애를 구한다면 벼슬 가진 걸인이 될 것이고 천민이라 할지라도 덕을 쌓고 은혜를 베풀면 벼슬 없는 정승이 된다.

충성과 용기가 붉게 물든 혈도 앞에서 온 마음으로 큰절을 올린다.

그래도

무가 한 박스 들어왔다. 여남은 개 되는 무의 크기가 제각각이다. 펼쳐 놓으니 주먹만 한 것은 단단하지만 큰 것은 머리통 한쪽이 누르께하면서 물렁하다. 얼어서 그런가 하고 잘라보니 속살에 물기가 없을 뿐 푸석하지 않고 보드랍다.

제주도 여행 중인 여동생 둘이 성산포 용눈이오름에 갔다가 파헤쳐진 밭을 만났다. 군데군데 크고 작은 무가 흩어져 있어서 주워보니 제법 인물이 좋더란다. 쓱 닦아 한입 베어 물자 제주 무답게 맵지 않고 달았다. 밭떼기로 산 상인이 캐 가면서 인물이나 크기가 맘에 들지 않아 버리고 간 것이라 했다.

무에 홀린 그녀들은 근처에서 열리는 클림트의 '빛의 벙커' 관람도 포기하고 밭을 돌며 이삭 무 줍기에 열중했다. 한 곳을 섭렵하고 허리를 들면 다음 밭에도 무가 이리저리 누워 있고 그곳을 지나면 또 너머에 있고…. 어느 밭에서는 잘다고 뽑지도 않고 통째로 둔 이랑이 기다랗더란다. 캐내 보니 땅속에서 며칠 뿌리를 키워 무생채 한 접시 감은 되었다.

둘이서 한 박스씩 챙기고도 남아 내 것까지 택배로 보냈다. 주운 당근도 몇 개, 서너 움큼의 갓도 같이 왔다. 요즘 쌔고 쌘 게 제주 무라 마트만 가면 살 수 있지만 자매의 정이 담긴 것이라 잘 다듬어 씻었다.

단단한 걸 골라 썰어 보니 가게에서 살 수 있는 무가 아니었다. 선달이지만 속에 바람 하나 들지 않아 매끈하고 연했다. 설에 쓸 것을 골라 신문지에 싸서 갈무리한 후 나머지는 채 썰었다. 밥에 얹을 것은 가늘게, 말려서 무쳐 먹을 것은 도톰하게 또각또각 도마질했다. 어릴 때 먹어봤던 무밥은 기억에서조차 지워졌지만 모양과 맛을 상상하는 것만으로도 가슴이 울렁거렸다. 요것을 잘 말려 무침을 만들면 얼마나 꼬들꼬들하고 맛날까. 혼자서 두 시간이나 썰었지만 팔 아픈 줄도 모르겠다.

무는 맛과 영양소가 많은 채소다. 주로 뿌리를 먹는데 그것이 실해야 모든 게 건강하고 튼튼하다. 볶고 무치고 졸이는 어떤 요리 방식도 잘 받아들인다. 김치와 나물, 국과 찌개에 꼭 필요한 재료이다. 국을 끓이면 부대끼는 속을 시원하게 풀어주고 고등어조림에 넣으면 야들해지면서 주재료보다 더한 맛을 낸다. 볕에 잘 마른 무말랭이는 사철 밑반찬이 된다. 채 쳐서 쌀가루를 섞어 시루에 찌면 살근살근 씹히는 별미 무시루떡도 맛볼 수 있다. 다발로 난 잎 위로 자주 또는 흰색의 꽃을 자잘하게 피워 빈 들판을 소담하게 꾸미기도 한다. 오래전에는 마당이나 밭에 묻혀 개구쟁이에게 무서리의 재미도 주었다.

몸에는 더없이 이롭다. 열을 내려 주어 위장을 건강하게 하고 기관지 천식을 낫게 한다. 목의 갈증도 시원하게 풀어준다. 씹을 때 아삭거리는 소리도 좋다. 소화에 도움을 주어 변비와 숙변도 예방한다. 몸속 독소도 배출해서 무를 많이 먹으면 속병까지 없어진다.

베란다 창가에 보자기 네 개를 쫙 펴고 채 썬 무를 널었다. 수분을 말린 무채가 과묵하다. 때로는 하는 일에 비해 제대로 대우를 받지 못하는 게 안타깝다. 사람들은 보살펴주거나 도와주는 이 없이 이리저리 굴러다니는 형편을 무대가리 같다고 한다. 못생긴 여자를 속되게 무쪽같다고도 한다. 이 소리를 무가 듣는다면 얼마나 속이 상할까. 그래도 무들은 편안히 누워 봄볕을 받아 태닝하는 듯 초연해 보인다. 주인에게 외면당해 자칫 썩어 없어질 뻔했는데 요행히 바다 건너 이곳까지 와서 대접받는 게 좋은가 보다. 밤새 무채를 살피느라 몇 번이나 들락거렸다.

이튿날 몸피가 팍 줄어들었다. 굵게 썬 것은 물기가 빠졌고 가는 것은 제법 단단해졌다. 말라가는 무들의 모양이 때때로 변하니 하루에도 몇 번씩 보자기 앞에 앉는다. 두껍던 몸피가 요리조리 비틀어졌다. 까슬한 말랭이 속에 무른 것들이 섞여 있다. 그들은 성급하게 속을 비우고 가벼워진 것 옆에서 급할 거 없다며 느긋하고 태평스럽다. 엄동설한이지만 따뜻한 집안에 있고 당장 무침을 할 것도 아니니 되는 대로 마르면 된다 한다. 자신을 내맡기고 편안한 자태를 보며 매사 조급증을 내는 내가 배울 게 많다.

며칠이 지나자 무가 바짝 말랐다. 한 움큼 들어내 고춧가루와 액젓을 넣고 조물조물 무쳤다. 물엿을 더하고 통깨까지 솔솔 뿌렸더니 고소한 무말랭이무침이 됐다. 오돌오돌 씹히는 소리에 제주 바람이 들어있다.

하마터면 벌판에서 썩을 뻔했던 것들이다. 그래도 거두어 와 씻고 다듬어 상 위에 올리니 변함없이 제맛을 낸다. 선택되었을 때나 버려졌을 때나 개의치 않고 태연하다.

모두가 스타

해병대 1137기가 훈련소로 입대하는 날이다. '해병대 입영을 진심으로 축하드립니다.'라는 환영 플래카드가 정문 입구에 크게 걸렸다. 입대병 중에 얼마 전 방영을 끝낸 TV 드라마 주인공 현빈이 있다. 그의 입영 모습을 보려고 국내외에서 수많은 팬과 취재진이 모였다. 다른 입영자 가족까지 수천 명이나 집결해 포항 전체가 들썩였고 국방부에서 입대 장면을 생중계까지 한 훈련소는 인산인해가 되었다.

탤런트 현빈이 해병대에 입영한다는 것은 그 드라마가

종영된 후 방송했고 신문에도 실렸다. 주인공으로 주가가 오르던 스타가 군 생활이 제일 힘들다는 해병대에 자원했으니 뉴스감이 되었다. 입대를 피하려고 갖은 방법을 쓰다가 탄로 난 연예인이 한두 명이 아니던 시기에 그의 선택은 박수받을 만한 일이다. 반듯한 젊은이라고 모두 칭찬했다.

그런데 방송에서 그 사실을 몇 번이나 들먹인다. 인기 탤런트가 군에 간다는 게 무슨 대단한 일인가. 그것도 보통의 입대 연령을 넘겨 미루고 미루다 서른 문턱에 입대하는데 말이다. 국방부에서 그가 해병대에 자원했다는 걸 이슈화시켜, 입영을 기피하는 청년들의 마음을 바꾸려는 것 같다. 대한민국의 건강한 청년이라면 당연히 국방의 의무를 치러야 한다. 하지만 생중계까지 해야 할까. '입영자 가족 좌회전 현빈 팬 직진'이란 차별 현수막까지 걸어 둔 입구가 더욱 마뜩잖다.

해병대는 남다른 인내와 긍지로 자원해서 심사를 통과한 청년들이 입영한다. 다른 입대병도 큰 결심과 자부심으로 이곳에 왔는데 현빈 때문에 상대적인 박탈감이 드는 건 아닐까. 2년 동안 가족들과 헤어지면서 선택한 각오가 제대로 계속될까. 배웅 온 지인에게 가슴 속의 깊은 말을 온전히 할 수 있을까.

나는 몇 년 전 941기로 큰아들을, 다음 해엔 966기로 둘째를 해병대에 입대시켰다. 청년으로 자라 군에 간다는 게 대견하면서도, 낯선 환경에서 고생할까 봐 마음 아팠다. 아들과 손잡고 입영소 정문을 지나 올라가며 가슴 속의 말을 쉼 없이 하고, 마지막 손을 놓는 순간 꼭 껴안으며 말했다.

"잘 해낼 거야."

큰아들은 백령도에서 26개월의 군 생활을 마쳤다. 북녘 땅이 보이는 혹한의 북쪽 해안에서 밤새워 보초 서고, 포격 훈련 및 며칠을 굶으며 한다는 수색 훈련까지 잘 해냈다. 제대 때는 기상 악화로 배가 뜨지 않아 일주일이나 선창가에서 기다리다 왔다. 군 복무를 마치고도 집으로 못 오는 마음이 오죽했을까만 "필승!" 우렁차게 신고를 하며 돌아왔다. 큰아이가 해병대에서 근무하니 둘째는 좀 편한 육군 입대를 바랐지만 그도 형처럼 해병대 입영을 원했다. 백마부대로 김포에 배치받아 북녘땅 앞에서 보초를 섰다. 초소에서 깜깜한 하늘을 보면 부모 생각이 간절하다가도 행군이나 수색 훈련을 하고 나면 성취감과 자신감이 생긴다며 뿌듯해했다.

최전방 해병대에 아들을 차례차례 보낸 어미가 어찌 편히 지낼 수 있으랴. 큰애를 입영시킨 후 우표 백 장과 예쁜 꽃 편지지를 샀다. 아들이 생각날 때마다 '네가 많이 자랑스럽다.'고 편지를 써 부쳤다. 그 응원이 2년여의 군 생활에 조금은 도움이 되었으리라.

'한번 해병은 영원한 해병이다'는 구호처럼 해병대는 선후배 간에 평생 가족 같은 연대 의식을 갖는다. 제대한 후에도 위 기수는 아래 기수를 보살피고 후배는 선배를 위하며 따른다. 두 살 터울의 아들들은 사이좋게 컸지만 시댁 식구들의 사랑은 큰아이에게만 쏠렸다. 그게 작은아이의 가슴

속 상처가 되어 사춘기에는 가끔 형에게 지지 않으려는 마음을 드러냈다. 그러다 형이 상병 때 군에 간 막내는 큰애의 말끝마다 "넷, 그렇게 하겠습니닷." 부동자세로 존댓말을 썼다. 휴가 와서까지 그러니 큰애가 불편해하며 반말로 하라고 하자 "전 이게 편합니다." 해서 대단한 군기에 놀랐다. 제대한 지 십 년이 넘었지만 둘 다 서울에 있으니, 형은 동생을 살피고 동생은 형을 윗사람으로 대접하며 자주 만나고 부산 올 때는 서로 기다려 같이 내려온다.

오늘 아들을 입대시키는 어머니들의 선배로서 그들이 걱정된다. TV 생중계와 현빈 팬들 때문에 너무 번잡해 평범한 아들을 입영시키는 마음을 온전히 표현하지 못했으면 어쩌나. 입대하는 청년 모두가 부모에게는 현빈 이상의 스타이니, 아들이 군 생활을 잘할 수 있게 마음을 흠뻑 주라고 하고 싶다.

근래에는 종교적 이유로 병역을 거부하는 젊은이가 있다. 국민으로서의 의무보다 개인적 신념을 더 중요하게 여겨서다. 이기주의가 팽배해져 가는 요즈음 젊은 날의 황금기를 나라와 자신의 심신 단련을 위해 입영하는 저 젊은이들은 얼마나 훌륭한가. 그들은 모두 세상 어디에서도 빛을 낼 수 있는 별들이다. 애지중지 키운 자식을 나라 지키는 선봉에 보내는 부모들도 입대하는 스타 못지않게 훌륭하다.

스타가 스타인 것은 많은 이가 우러러보아서가 아니라 스스로 세상을 밝게 만들기 때문이다. 입대병 모두에게 믿음과 응원의 박수를 보낸다.

하루를 시작하는 힘

고개를 숙인다. 마음을 담아 인사하니 허리까지 굽혀진다. 아파트를 나서는 사람들의 표정에도 자연스레 미소가 피어난다. 바쁜 이는 묵례를 하지만 대부분은 차창을 내리며 인사말을 건넨다. 잘 다녀오라는 얼굴에 웃음이 가득하다. 기분 좋은 하루의 출발이다.

우리 아파트 정문 경비 김 반장은 칠순의 고령이지만 늘 주민을 위해 무엇을 할까 하고 사방을 살핀다. 주민 체육센터 옆에 근무할 때는 하루 몇 번씩 만나도 항상 웃으며 인사했다. 창고 열쇠를 원하면 직접 나와서 열어 주었다. 성가시게 하는 것 같아 열쇠만 달라고 해도, 이게 자신이 할 일이라며 웃었다. 연세 많은 어른이니 대강 하라고 하면 "여기는 제 직장입니다. 어른 노릇은 집에서나 하면 되지요." 했다. 이기주의가 판을 치는 세상에 얼마나 본이 되는 생각인가. 그러니 운동하는 사람들도 커피나 간식거리를 챙겨오면 아저씨께 먼저 드리고 먹었다.

어느 날 남편이 퇴근해 오자 김 반장에게서 인터폰이 왔다. 지하 2층의 우리 차에 헤드라이트가 켜져 있다며 배터리 손실을 걱정한다. 자동이라 적정시간 후 꺼진다고 하니 그제야 마음을 놓는다. 1층부터 지하 2층까지 세 개 층에 주차된 많은 차량을 모두 살펴 문제가 있으면 주인에게 연락하는 성실함이 놀랍고 고맙다. 맡은 일을 완벽하게 하면서 호감과 신임을 얻으니 짧은 경력이지만 반장 직책을 맡게 되었다.

반면, 우리 동 경비 아저씨는 아침에 마주쳤을 때 빗자루로 낙엽을 쓸어 내며 얼굴을 찡그렸다. 주민들이 들고 나며 문을 제대로 닫지 않아서 생긴 찌꺼기 치우는 게 너무 힘든단다. 조금만 신경 쓰면 문이 닫힐 텐데 휙 열고 가버리는 주민도 문제고, 출입구 현관 청소도 내 일이다 하면 될 것을 짜증내는 아저씨도 안 됐다.

외출했다 오니 주문한 쌀이 경비실에 보관되어 있다. 한 포대의 쌀을 들고 올 일이 걱정이다. 현관을 쓸며 투덜거리던 모습이 떠올라 말 꺼내기가 쉽지 않다. 어쩔 수 없이 엘리베이터 앞까지 들어다 줄 것을 부탁하니 의외로 웃으며 번쩍 옮겨 준다. 고마워서 따끈한 커피와 과일 한 접시를 들고 내려갔다. 잘 먹겠다며 받는 그이도 건네주는 나도 기분이 좋다.

경비원이 관련된 사건이 작년부터 올 가을까지 전국에서 연이어 일어났다. 대부분이 폭력, 갑질, 눈물, 해고 등 부정적인 것이다. 언젠가는 모멸감을 못 견딘 경비 아저씨가 스스로 생을 마감했다는 뉴스를 접하며 가슴이 서늘해졌다.

훈훈한 소식도 들린다. 서울의 한 아파트에서 입주 때부터 일했던 경비원이 암 진단을 받고 사직하게 되었다. 그것을 안 사람들이 십시일반 돈을 모아 치료비에 보태 쓰라고 전달했다. 아파트 주민들이 경비 아저씨의 건강을 빌며 지갑을 채워 준 덕에 그는 마음 편히 수술한 후 쉽게 일어나 건강해졌다고 한다.

어느 여고의 경비원 미담도 떠오른다. 한 학생이 도시락을 둔 채 등교해 버려서 엄마가 들고 갔다. 딸이 몇 반인지 잊은 그녀가 그것을 맡기며 딸아이가 찾으러 올 때까지 맡아 달라고 부탁했다. 그러자 경비 아저씨는 그 학생이 몇 반인지 알고 있다며 교실로 가서 전해 줄 테니 걱정하지 말라고 했다. 알고 보니 그는 전교생 모두의 이름과 학년 반을 외우고 있다고 한다. 아침에 아이들이 교문에 들어서면 눈을 맞추며 "아무개 안녕. 오늘 기분은 어때?" 한단다. 학생들은 아저씨께 인사하며 보약을 먹은 듯 기운이 난다. 그는 수백 명이나 되는 아이들의 이름과 반을 어떻게 외웠을까. 종일 책을 들여다보며 조바심치는 학생들을 위로하고 싶은 마음이 간절했기 때문이다. 그 뜻을 안 아이들도 자주 음료수나 빵을 아저씨 손에 쥐여 주며 정을 나눈다.

친구는 아파트를 들고 나며 경비 아저씨를 만날 때마다 반갑게 인사했다. 어느 날 아저씨가 항상 밝게 예를 갖춰주니 얼마나 기분이 좋은지 모른다. 그 덕에 일할 맛이 난다며 작은 쪽지를 건넸다. 거기에는 '적선지가 필유여경積善之家必有餘慶'이라 적혀 있었다. 선행을 쌓은 집안에는 반드시 좋은 일이 있다는 의미이다. 쉬는 날 글 배우러 갔다가 거기서 적어온 것이라 했다. 자기가 한 일이라곤 인사가 다인데 성원을 받은 듯 감동했다는 경비 아저씨의 마음이 친구에게 깊이 와닿았다. 웃으며 인사하고, 좋은 글귀를 나누며 둘은 서로 응원과 격려와 감동을 주고받았다.

경비원은 공동체의 귀한 구성원이다. 그들이 없으면 생활이 불편하고 주변도 불결해질 것이다. 다정한 말 한마디로 위하고 다독이는 정이 있어야 한다. 서로 인격적 대우를 통해 자기가 해야 할 역할을 할 때 행복한 주거 공동체가 될 것이다. 동짓날 새알 가득한 팥죽 한 대접, 설날 따끈한 떡국 한 그릇을 경비 아저씨께 대접하는 것은 예로부터 전해오던 우리의 인심이다.

오늘 아침도 아파트를 나서는 사람들은 웃으며 마음을 나눈다.

"수고하십니다."

"잘 다녀오십시오."

기분 좋게 주고받는 인사가 하루를 시작하는 힘이 된다.

버킷 리스트

전시장 빼곡히 수천의 마음이 걸려 있다. '공무원 시험 합격하기', '우리나라를 벗어나 전 세계 정복하기', '로또 당첨….' 자신의 '버킷 리스트'를 간절하게, 용감하게, 더러는 가볍게 드러냈다. 부산 비엔날레를 맞은 문화회관 대전시실에 사람들이 적은 소망이 계획표와 함께 전시되었다. 이백여 명의 생생한 증언을 기록한 영상도 벽면이 넘치게 펼쳐졌다. 화면을 마주하며 듣고, 벽면 가득 기록된 마음을 조심스럽게 읽어 갔다. 여러 사람의 간절한 리스트를 대하다 숨이 딱 멈추는 글을 만났다.

'별 보기' 멋지다. 이 사람은 얼굴과 마음도 별처럼 예쁠 것 같다. 감동해서 서 있자니 그 너머의 리스트가 또 나를 부른다. '공부와 노래를 하고 싶다' 마음이 쿵 내려앉는다. 자세히 살펴보니 이분은 팔십이 다된 노인이다. 그의 애절함이 가슴에 닿아 뭉클하다. 학문에 대한 갈구와 이루지 못한 스트레스가 얼마나 컸을까. 목이 먹먹하며 눈물이 그렁해진다.

우리가 인생에서 가장 후회하는 것은 살면서 한 일들이 아니라 하지 못한 일이다. 십여 년 전 하늘나라로 가신 어머니가 가슴 속으로 들어온다. 모든 것이 궁핍하던 시절의 가난한 종갓집 맏며느리였다. 어머니의 인생에 자신이란 자리가 있었을까. 옹고집 범띠 남편에 큰아들까지 범띠 해에 낳았다. 고분고분하지 않은 아들 때문에 아버지는 자주 언성을 높였고 엄마는 중간에서 속을 까맣게 태웠다. 골목대장으로 애들 싸움에 늘 끼는 장남이라 밖에서 시끄러운 소리만 나도 가슴을 싸잡았다.

돌아가시기 몇 해 전 세 자매의 식구들이 어머니를 모시고 여름휴가를 떠났다. 그 여행 동안 장맛비도 우리와 같이 다녔는데 춘천댐 밑에서 쏘가리회를 먹으며 맛있다고 얼마나 감탄했던지. 밖에서 들여다보던 빗물까지도 봉창을 두드리며 합세했었다. 수안보에서 힘들게 구한 숙소에 든 엄마는 대여섯 살 아이같이 들썽거렸다. 방 가운데 둥근 물침대에 누우며 디즈니랜드에 들른 유치원생처럼 재밌어했다. 물에 잠긴 아스팔트를 장대비와 함께 내려오면서도 차 안에서 두 팔을 벌리고 "히야~ 정말 좋네."를 연발하시던 어머니다. 건강하지 않은 몸에 여행의 피로까지 쌓여 몸은 잘 가누지 못하면서도 입은 함박꽃만큼 커졌다. 우중 공원에서 화장실을 찾지 못해 참다 더러워진 속옷을 갈아입히며 우리는 같이 웃었다. 쑥스러운 웃음을 짓는 엄마를 보며 뭐 어때 그래도 좋다는 행복한 웃음이었다. 그 여행에서 어머니가 소망하시던 일 중 한두 개는 해결됐을까.

생각해 보니 나의 버킷 리스트도 그 여행에서 몇 개는 들어낸 것 같다. 누구나 화려하고 거창한 꿈을 꾸지만 그 출발점에는 가족 간의 주고받는 사랑이 기본으로 자리한다. 끝인 줄 모르면서 간 어머니와의 마지막 여행에서 우리는 서로 많은 마음을 주고받았다.

몇 년 전 막내가 어학시험 준비를 하러 외국으로 가면서 심각하게 말을 걸어온 적이 있었다. 엄마는 일생 중 무엇이 제일 하고 싶었느냐고. 그 애의 마음에 공부 외의 다른 욕구가 일어나고 있었던가 보다. 결국 그 시험만 해결하고 다시 국내로 돌아와 휴학을 한 채 제가 원하는 노래에 빠졌다. 곡을 만들고 기타치고 노래하며 삼 년쯤 제 끼를 발산해 보더니 해결되었는지 다시 학문의 길로 들어갔다. 한 번뿐인 생을 멋지게 꾸려 간다 싶어 대견하기도 하고 부럽기도 했다.

각각의 리스트에 담긴 꿈과 가슴 두근거리는 소리를 들으며 마음속에 일어나는 떨림을 들여다본다. 내가 꼭 하고 싶은 것은 무엇일까.

제대로 쉬고 싶다. 일을 할 때는 열심히 하고 그 후에는 잠깐이라도 아무 생각 없이 휴식하자. 하던 일을 마치면 몸과 마음이 해방되어 편안해져야 할 텐데 그게 되지 않는다. 넉넉지 않은 집안에 태어나 스스로 한 뼘씩은 더 큰 걸음으로 바삐 걸었다. 힘이 들었지만 늘 해야 할 일이 있어서 계속해 자신을 다그쳤다. 오랜 세월 그렇게 살다 보니 습관이 굳어져 나이가 들어서도 몸과 마음이 쉬어지지 않는다. 아무것도 안 하고 있어도 머릿속에는 늘 해야 할 일들이 있다.

늘어지게 잠을 자고 싶다. 해가 안방 깊숙이 들어오고 옆 사람이 일어나 들썽거려도 상관없이 잠 속에 빠져 봤으면…. 성격이 예민한지 어릴 때부터 일찍 일어났다. 사고로 머리를 다치면서 신경이 뾰족해져서 더 숙면에 들지 못한다. 저녁이면 TV 앞에 앉아 눈꺼풀 무거워지기만 기다린다. 독서를 하거나 하루를 돌아보는 글을 써보라고들 하지만 그러면 무거워지던 눈꺼풀이 반짝 살아나며 잠이 십 리나

도망가 버린다. 몸을 많이 쓰면 피곤해서 일찍 쓰러질까 싶어 오후에 걸레로 이 방 저 방을 닦은 후 손빨래도 한 통 해본다. 팔이 늘어지게 아파서 푹 자기를 기대했지만 여기저기가 쑤셔서 더 잠들 수가 없다. 미인은 잠꾸러기라는데 미인이 아니어서 못 자는지 그러지 못해서 미인이 안 되었는지 알 수가 없다.

나를 치료했던 의사는 신경 쓰는 게 제일 나쁘니 두리뭉실 살라 했다. 하지만 나는 훨씬 더 예민해졌다. 잘하지도 못하면서 욕심을 내어 쓸데없는 일에 마음을 괴롭힌다. 건강이 말이 아니다. 가끔은 나를 놔줘야 겠다. 푹 쉬어서 몸과 마음이 모두 가뿐해지고 싶다.

해가 중천에 뜰 때까지 깊은 잠 속에 푹 빠져 보고 싶다.

2부

거꾸로 가는 열차

황토방/ 받침대/ 괜찮다/ 흙으로/ 단풍나무에게 배우다
하다 보니/ 거꾸로 가는 열차/ 봄을 기다리며/ 할레아칼라 일출

황토방

빗물 듣는 소리에 잠이 깼다. 머리맡에서 두런두런 말소리가 들린다. 옆에서 자던 아들 둘이 툇마루에 앉았기에 슬그머니 일어나 내 목소리를 보탠다. 추녀 끝 댓돌과 마당의 자갈에서 그리고 처마 끝 대야에서 빗소리의 삼중주가 펴진다. 빗속인 듯 비를 피하며 비의 선율에 젖어 잠조차 잊어버렸다.

전주 한옥마을에 왔다. 예고도 없이 내리는 비를 맞으며 도착하자 기와집들이 물을 똑똑 떨구며 반긴다. 씻긴 골목

길이 정갈하고 가장자리 도랑에는 맑은 물이 흐른다. 양쪽에 나란히 선 위엄 있는 집들을 지나다 보니 양반댁 마님이라도 된 듯한 기분이다.

오른쪽으로 돌아 과녁빼기집에 짐을 풀고 이 골목 저 골목을 다녀본다. 어릴 때처럼 팽이 돌리고 연 날리고 외갓집에서의 기억을 살려 물레도 돌려 보며 옛 풍습을 즐겼다. 여기서는 호기심 많은 어린아이, 저쪽에선 널뛰는 처녀가 되었다가, 다른 데서는 베 짜는 아낙도 되며 가는 곳마다 신분을 바꿨다.

추억 속에서 노느라 어둑해져서야 숙소로 돌아왔다. '등용문'이란 상호를 적은 한지 초롱과 드문드문 돌이 박힌 토담을 대하니 안에서 누가 날 기다리는 것 같아 마음이 뜨거워진다. 조급하게 죽담을 지나 대청마루 옆 건넌방 문을 열었다. 황토색 장판이 반들반들 윤을 내고 있다. 반가움에 무릎을 대고 앉아서 얼굴을 숙인 채 두 손으로 아랫목까지 죽 밀어 본다. 콩물 먹은 장판이 고소하다.

다음날은 오락가락하는 비와 함께 강진군의 '다산촌 명가'에 들렀다. 정약용의 유배지이던 '다산 초당' 입구의 온돌 황토 민박집이다. 대들보와 서까래를 비롯해 창틀과 기둥이 잘 갈무리된 고풍스러운 방이다. 도배를 하지 않았건만 황토 흙벽이 매끈하다. 누런 장판이 여닫이문의 얇은 창호와 두꺼운 벽을 이어주고 있다. 손바닥을 댄 채 방을 한 바퀴 빙 돌았더니 내 손에서 부드러운 진흙 내가 난다. 아득한 날의 고향집 냄새다.

어릴 적의 우리 집 방바닥은 황토가 두껍게 발라져 있었다. 단단하면서 반들반들한 장판은 윤이 나고 한여름에도 냉기가 올라와 시원했다. 얼굴을 대면 부드러운 황토 냄새가 났는데 밭에서 저녁 찬거리를 뽑아 돌아오는 어머니와 논을 갈고 들어오신 아버지에게서 나는 냄새이기도 했다.

기둥 사이를 건너지르는 굵직한 대들보가 듬직하다. 큰 황소도 쉽게 항복시키던 건장한 아버지를 보는 듯하다. 많은 가솔을 거느리느라 자상하지 못해 불만이었지만 계시는 것만으로도 우리를 편안하게 해주던 분이다. 오늘은 아무것도 하지 말고 여기서 푹 쉬라고 지켜주는 것 같아 마음 든든하다.

나란히 펼쳐진 서까래에서 무한한 마음을 주시던 엄마의 영상 하나가 애잔하게 기억된다. 교통사고를 당해 의식불명 상태로 있었던 때이다. 보름 만에 "엄마~!" 하고 눈을 뜨자 와락 눈물로 나를 안던 그 가슴이 퍼렇게 멍들어 있었다. 깨어나지 못하는 자식이 안타까워 주먹으로 복장을 친 것이다. 나는 그 사랑의 힘으로 살아났다. 영사기의 필름처럼 되감을 수 있다면 황토집에서 살던 때처럼 토벽같이 찰진 마음을 두 분께 바치고 싶다.

서까래를 마주 보는 문을 열었다. 산바람이 솔 냄새를 몰고 온다. 덩달아 짜르르르 매미 소리도 질세라 쏟아져 들어왔다. 그것에 귀를 내주고 편하게 눈을 감았다. 몸이 나른하게 구들장 쪽으로 풀어지면서 매미 허물처럼 납작하게 붙었다. 쌓인 여독이 방바닥으로 스르르 녹아든다.

어릴 때 아래채의 할매 방은 마구간 옆이었는데 장판과 벽지 속은 붉은 황토가 발라져 있었다. 겨울에 밖에서 놀다 들어가며 기침이라도 하면 할매는 이불을 깔아 놓았다가 그 속에 들어가 누우라 했다. 따뜻한 아랫목의 바짝 마른 황토 냄새는 쇠죽 끓이는 장작 연기를 품고 있었다. 이불속으로 기어들어가 한숨 자고 나면 코가 뻥 뚫리며 몸이 가뿐해졌다. 절절 끓는 황토방에서 푹 자고 난 후의 개운함은 내 기억의 곳간에 고이 갈무리되어 있다.

집에는 주인의 사상과 문화가 있다. 건물의 형태와 나뭇결, 가구 하나 화초 한 포기에도 의지와 정성이 스며든다. 거기서 머무는 하루하루가 시간 속에 저장되면서 가족에겐 의미 있는 장소가 된다. 새로 건축하는 집을 모두 한옥으로 짓는 것은 불가능하다. 시골에서는 나지막한 기와집을 짓고 마당에 채전밭을 일구기도 하지만, 도시에는 아파트나 서양식 집, 퓨전 양옥집이 대부분이다.

한옥 호텔과 전통 민박집을 많이 지어서 여행할 때라도

잠시 묵으며 쉴 수 있으면 한다. 훤칠한 기와집에 들어서면 누렇고 거무스름한 흙 마당이 펼쳐지고 담장 밑에 작은 화단이 있으면 좋으리라. 그곳에는 얌전한 채송화가 여러 색을 자랑하고 고운 봉숭아꽃도 피어 있다. 곁집 마당 햇빛 잘 드는 장독대에는 크고 작은 단지들이 장을 듬뿍 담고 있어 구수한 냄새가 난다. 구석에는 작은 우물이 있고 석류나무 꽃이 제 모습을 보겠다고 물 위로 고개를 숙인다. 방 내부는 황토 흙을 발라 그대로 두거나 한지로 도배한다. 구들이 놓인 방바닥은 장판에 콩물을 여러 번 먹이고 많이 닦아서 고운 때를 입힌다.

가까이에 이런 전통 가옥이 있어 나비잠을 자며 심신을 풀 수 있으면 얼마나 좋으랴. 편히 쉬면서 풍습을 깨우쳐 경험하고 추억하다 보면 몸과 마음이 저절로 건강해질 것이다.

집은 버팀목이면서 공동체이다. 한옥은 외풍에 흔들리는 마음을 잡아줄 뿌리이고 그리움이다. 무엇보다 황토방은 아득한 전설의 빛깔이면서 빈틈없이 농농濃濃한 사랑의 색이다.

받침대

차들이 빽빽하다. 옆 차선을 달리던 택시가 좌측 깜빡이를 켠다. 속력을 줄여 주니 앞으로 들어오며 비상등으로 깜빡깜빡 인사한다. 일부 운전자는 막무가내로 끼어드는데 이분은 운전 예의를 잘 아는 사람이다 싶어 흐뭇하다. 바쁜 중에도 양보하자 고마워하는 모습에 어느 택시 기사가 떠오른다.

승용차를 바꾼 지 얼마 되지 않아 운전을 익힐 겸 달맞이 고개로 가던 길이다. 빨간 신호 등을 만나 차를 세우고 기다리는데 갑자기 뒤에서 “꽝-!” 소리가 나며 차가 울컥 튀어 오른다. 옆자리의 남편이 앞으로 엎어졌다. 머릿속이 하얗게 돼 버렸다.

지나가던 사람들이 모여들고 어지럽다던 남편도 가까스로 정신을 차리고 앉았다. 뒤차 운전사가 뛰어왔다.

“죄송합니다. 모두 제 불찰입니다.”

차를 갓길로 밀어내보니 뒷 범퍼와 오른쪽 문짝이 크게 부서졌다.

그는 인근 지역 택시 기사인데 조금 전 출근해서 첫 손님도 태우기 전이란다. 잠시 잡념에 들어 앞을 제대로 못 보았다고 했다. 왜 그렇게 속력을 내었는지 모르겠다며 손을 싹싹 비비고 허리를 굽힌다. 무사고 운전 경력 십 년을 채우고 개인택시를 운영할 계획인데 그 기간이 얼마 남지 않았다며 어쩔 줄을 모른다. 부서진 차량을 수리하고 렌터카를 내주며 다친 몸도 치료해 줄 것이니 사고 신고를 말아 달라고 사정한다.

어떻게 해야 할까…. 새 차를 구입하고 일주일 만에 당한 일이라 말문이 막힌다. 잘못을 인정하며 간청하는 것으로 봐서 올바른 사람 같은데, 택시 기사로는 큰 오점이 될 사고를 신고하는 게 옳을까. 그렇다고 법대로 하지 않는 게 잘하는 일인가. 한참 헤아린 끝에 차를 새로 마련해 액땜한 셈이라 여기고 경계의 마음을 거두어들였다.

그는 견인차를 불러 부서진 차를 실어 보내고, 덜 상한 택시로 집까지 태워다 주었다. 우리 집 동 호수를 물어 왔지만, 차를 완벽하게 수리하고 그동안 쓸 수 있는 차량만 보내면 된다고 했다. 병원에 가보니 큰 탈이 없어 그 사람의 개인택시 면허 취득에 이상이 없기를 바랐다.

사고 경위를 들은 주변 사람들은 기사의 말이 사실이 아닐 거라고 했다. 십 년 무사고의 베테랑 운전사가 신호 대기 중인 차를 들이받은 게 믿기지 않는 모양이다. 실수로 사고를 낸 후 자신에게 유리하게 하려고 신고를 못 하게 했다는 것이다. 우리는 택시 기사의 언행이 솔직해 보여 그의 바람

대로 해 준 게 잘한 거라고 생각했다. 그러면 서투른 초보 운전자인 나도 큰 탈 없이 차를 운행할 수 있을 것만 같았다.

사람들은 매사를 선과 악의 이분법으로 나누는 경우가 많다. 그런데 정말 그럴까. 인간은 누구나 선악의 양면성을 지니고 있다. 선량하던 이가 어느 경우에는 괴팍한 심성을 드러내고, 사납던 사람이 의외로 온화해지기도 한다. 각기 세상을 바라보는 관점이 다르기 때문이다. 살다 보면 가끔 생각지 못한 실수도 저지르고 순간의 판단이 흐려지기도 한다. 하지만 생면부지의 사람을 우리라는 관계로 묶으면 남의 일에도 안타까운 마음이 생긴다. 택시 기사도 고의로 내 차를 부순 게 아니라 순간의 실수로 사고를 낸 것이다. 개인택시 운영이라는 목표를 향해서 열심히 일했는데 한 번의 부주의로 그 꿈이 송두리째 날아간다면 가슴 아픈 일이겠다. 그래서 피해 보상은 해 줄 것이니 편리를 좀 봐 달라고 인간적으로 사정한 것이리라.

오래전 선인장을 키울 때도 무척 고생했다. 다른 화초들과 조화롭게 키우려고 들여다보며 물을 많이 주었더니 썩어버렸다. 사막 식물이 여타 식물과 같을 것이라는 오해와 무지가 빚어낸 결과였다. 다시 선인장을 들여와 목을 조금씩 축이게 했더니 이번에는 시들시들 말라 갔다. 이러다 또 실패할까 봐 겁이 났다. 궁리 끝에 화분 받침대를 바꿔 주었다. 밑에 구멍이 난 물받이를 빼고 쟁반같이 가운데가 오목한 받침대를 끼웠다. 그것의 역할은 아주 컸다. 화분을 거쳐 내려오는 물을 모아 두어서 선인장이 그것으로 목을 축일 수 있었다. 새 받침대는 화초에게 덕을 주면서 주인까지 편하게 해 주었다.

잘 수리된 차를 받아 지내던 어느 날 경비실에서 연락이 왔다. 내려갔더니 백도, 포도, 토마토 등이 세 상자나 와 있었다. 어떤 택시 기사가 남편 이름을 대고 전해달라며 맡겼다 한다. 감사의 마음을 전하고 싶었던 그가 가져온 백도는 어느 것보다 부드러웠으며, 포도는 달콤했고, 토마토는 싱싱하고 속이 꽉 차 있었다.

그 운전사는 지금쯤 교통 법규와 운전 예의를 잘 지키며 개인택시를 운행하고 있을 것이다. 택시 기사를 나쁜 사람으로 구분 짓지 않고 배려해 주길 잘했다는 생각은 아직도 변함이 없다. 아마 그도 갈 길이 급한 운전자를 만나면 군말 없이 슬쩍 끼워 줄 것이다.

괜찮다

서울을 돌아 나온다. 며칠 바쁜 일정을 보내고 몸은 녹초가 되었는데 차는 고집스럽게 서해의 무창포를 둘러 군산까지 간다. 피로에 젖은 몸이 중앙로의 오래된 여관에 차를 세우게 했다. 입구의 목욕탕을 무료로 쓸 수 있다는 주인장의 말이 솔깃하다. 비누를 챙겨 갔더니 공교롭게도 쉬는 날이라 내일을 기대하며 늘어진 몸을 누인다.

일어나자마자 목욕탕으로 갔다. 자욱한 수증기 사이로 새벽을 시작하는 시골 아낙들의 목소리가 꽉 차 있다. 어제의 안부를 주고받느라 온탕과 찜질방에 오글오글 모여 분답다. 겨우 자리를 잡아 눈을 감고 앉았는데 초면의 아주머니가 등을 밀어주겠단다. 낯설고 어색해서 사양했지만 고단해 보인다며 때타월로 손이 닿지 않는 곳을 요리조리 씻어 준다. 힘없이 앉은 모습이 딱해 조건 없이 베푼 호의다. 따뜻한 마음을 알아차린 듯 비누 거품이 몸속 주럽까지 녹여준다. 가뿐해졌다. 나도 등을 밀어주려 했지만 일행이 있다며 "괜찮아요." 하고 손사래 친다.

오래전 친정엄마와 목욕할 때가 떠오른다. 돌아가시기 십여 년 전부터 우리는 만나면 늘 목욕탕부터 갔다. 먼저 씻겨드리고 나면 엄마는 꼭 내 등을 밀어주었다. 그 손길의 기억을 떠오르게 해 준 아주머니께 눈과 몸과 마음이 함께 인사한다. "괜찮아요."라는 말이 온기가 되어 가슴 속에 남는다.

새만금 방조제의 푸른 길을 달린다. 시야가 확 트여 속력을 내자 양옆에 펼쳐진 바닷물이 뒤에서 밀어주는 듯 신나게 미끄러진다. 마을 입구에 다다르자 산이 옆으로 다가와 서고 바다는 한쪽으로 물러난다. 물을 끼고 지나가는 곳곳에 아름다운 고군산군도가 그림같이 드러난다. 바다를 안고 산에 기대어 나지막하게 앉은 촌락이 고향 동네인 듯 인정스럽다.

길이 끝나는 곳에서 장자도가 반긴다. 주차장에 차를 세우니 참았던 허기가 밀려온다. 식당 간판을 찾아봐도 내걸린 곳이 없다. 겨우 바다 끝자락의 이름도 없는 허름한 식당에 들어가 회비빔밥을 주문했다. 음식을 기다리며 백사장 끝 둑에 앉았다. 바다 너머 산중턱에 빨간 지붕이 보인다. '그 섬에 가고 싶다'는 재미있는 이름의 펜션이다. 금방 나온 밥 위에 싱싱한 광어와 양배추 쪽파 등이 가득하다. 부산의 반값인데 양은 그 두 배나 된다. 아주머니가 물과 종이컵을 내오는데 마침 불어온 바람이 휙 하고 컵을 날려 버렸다. 푸짐한 대접에 너그러워진 내가 주방으로 돌아서는 그분께 말했다. "괜찮아요." 그 말에 아주머니가 눈을 찡긋하며 고개를 숙인다.

청정한 바닷가에 먼지가 있으면 얼마나 있으랴. 바람까지 이따금씩 불어 갯가 바닥을 쓸어주는데…. 아주머니가 함빡 웃으며 돌아가서 채전밭의 싱싱한 오이를 따다 준다. 한입 베어 물자 시골 인정을 닮은 달고 시원한 맛이 온몸에 스며든다. 다음에는 인심 후한 이곳에 좀 더 여유롭게 와서 빨간 지붕 펜션에서 피로를 풀고 신선이 노닌다는 선유 낙조도 보리라.

새댁 때다. 시댁에 같이 살다 보니 여섯 식구의 밥상 차리는 일이 늘 숙제였다. 음식 솜씨가 뛰어났던 시어머니는 부엌에 들어오지 않고 식재료만 사서 넣어 주었다. 내가 한 번도 만들어본 적이 없는 카레가 식구들이 좋아하는 반찬인 게 큰 문제였다. 고기를 볶고 채소를 깍둑 썰어 넣고 웬만큼 익으면 물을 붓고 카레 가루를 넣었다. 차례대로 해서 그릇에 떠보고 너무 묽으면 전분을 풀어 넣고 다시 끓였다. 두세 번 반복해서 걸쭉하게 되었다 싶으면 상에 차려 내고 가족들의 눈치를 살폈다. 아버님은 그때마다 맛있다고 하셨지만, 국물이 묽고, 되고, 감자 익은 정도가 적당치 않아 어머니 마음에는 좀체 들지 못했다. 성심껏 카레 만들기를 여섯 번쯤 한 날이다. 한술 뜨신 어머님이 "오늘 카레는 괜찮네." 하고 한마디 툭 던지셨다. 며느리가 마음에 차지 않아 칭찬에 인색했던 시어머니라 그만하면 꽤 추어주는 것이었다. 용기를 얻은 초보 새댁은 그 후부터 조금은 쉽게 밥상을 차려낼 수 있었다.

신시도 끝에서 오른쪽으로 달려 금방 변산에 도착했다. 새만금 방조제를 돌아본다. 환경 단체의 말을 들을 때는 이렇게 갯벌을 없애도 되는가 싶었다. 신문을 보면 뒤죽박죽인 의견 속에서 무엇이 옳은가 헷갈리기도 했다. 시시비비가 많았지만 그 방조제 덕에 시간과 힘을 적게 들이고 여러 절경을 볼 수 있다. 이곳 주민들도 바닷길이 뚫려 변산반도와 고군산군도의 신비로운 자연과 쉽게 만날 수 있고 군산길이 쉬워졌으니 괜찮다고 한다. 갯벌은 주변 이곳저곳에 있으며 다시 쌓이니 문제될 게 없단다. 만경강 유역의 배수가 좋아져서 새들이 날아들고 농민들도 수해를 입지 않는다니 천만다행이다.

갈매기 떼가 끼루룩 소리치며 지평선을 향해 날아간다. 마치 "괜찮다. 다 괜찮다."라고 하는 듯 지나간 하늘이 말갛다.

흙으로

하얗게 뻗어있다. 벚나무 밑 오르막이 시작되는 왼쪽은 저수지, 맞은편은 변산 국립공원이다. 느슨하게 걸으며 이리저리 둘러보니 소랫길 옆 밭, 대파의 고개가 수굿이 꺾여 있다. 봄의 아침 햇살을 받으면서 왜 그런가 싶어 가보니 땅속 알을 키우느라 후줄근히 힘이 빠진 양파다. 피와 살, 마지막 물기까지 모두 땅속으로 내려 보낸 줄기가 텅 비어 구부정하다.

커다란 장작더미를 거느린 죽염 공장이 보인다. 너른 마당에 수백여 개 단지들이 나란히 줄지어 있다. 죽염 만드는 곳에 웬 단지일까? 구운 소금으로 담근 된장, 간장, 고추장들이다. 앞엣것들은 삐뚤빼뚤 거즈 망을 쓴 걸 보니 두어 달 전에 담은 햇장이겠다. 중간부터는 해를 묵혀 가며 익은 장이 점잖게 뚜껑을 덮은 채 정렬이 반듯하다. 귀한 죽염으로 간을 맞춘 장은 맛이 얼마나 있을까. 가까이 가니 달큼한 냄새가 나서 입안에 침이 고인다.

단지 뚜껑 위에 구멍 난 벽돌이 하나, 둘, 셋 얹혀 장 익은 햇수를 알려 준다. 먹을 수 있을 만큼 익었지만 더 맛난 장이 되려고 햇빛과 공기를 받아 숙성 중이다. 벽돌 수를 세며 가다 보니 가끔 엎어져 있는 독들이 있다. 오랫동안 장을 담았던 단지들이다. 가벼워진 몸이 바람에 넘어질까 봐 밑동에 자갈을 한 바가지씩 얹고 있다. 그 너머 맨몸으로 엎드린 것은 주름투성이에 모양까지 찌그러졌다. 수십 년 메주와 소금물로 단 장을 익혀내 이곳저곳의 가정으로 보내느라 망가진 몸이다.

찌그러진 독 앞에 섰다. 평생 몸 바쳐 제 일을 열심히 한 단지들이다. 이제 편히 쉬어도 되련만, 옆 단지의 장이 잘 익어가나 혹시 빗물이라도 들어가지 않을까 노심초사하느라 이곳을 뜨지 못한다. 자식을 사회에 내보내고도 온갖 걱정으로 눈을 떼지 못하는 모정이 생각난다. 아들딸을 낳고 키우며 집안일을 건사하느라 자신을 챙길 겨를 없이 폭삭 늙어버린 내 어머니를 보는 것 같아 마음이 무거워진다.

신작로로 올라왔다. 벚나무를 줄 세운 길이 금방 대 빗자루로 쓸어낸 듯 깨끗하다. 쫙 뻗은 도로와 빈 들판에 아무도 없이 나 혼자다. 발끝에 힘을 주고 팔을 양쪽으로 벌려 상큼한 공기를 훅 들이마셔 기분을 전환시킨다. 아름드리 벚나무를 안아 보다가 나무 밑에 소복한 암갈색 띠 줄에 눈이 멈췄다.

한 움큼 집어 보니 흙이나 모래 부스러기가 아닌 바싹 마른 벚꽃 잎이다. 보름 전 화사하게 피어나 연분홍 터널을 만들었다가 하늘거리는 꽃비로 내려 길바닥을 온통 하얗게 덮었던 것이다. 햇볕에 바짝 마르자 썩어 흙이 되려고 쏠려가 모였다. 마른 뭉텅이를 따라 올라가다 보니 검붉은 알이 빛난다. 손가락 길이의 대롱 끝에 맺힌 빨간 보석, 버찌다. 수백 송이의 꽃이 만들어 낸 열매까지도 마른 꽃무더기 속에 끼어 흙으로 돌아가려 한다. 탄성이 나온다.

흙이 무엇인가. 어느 것도 편애하지 않고 순리대로 받아들인다. 여인처럼 어머니처럼 만물을 낳고 품안에서 키워낸다. 그러면서 기대거나 군림하거나 좌지우지하려 들지 않는다. 낮은 자리에서 묵묵히 할일을 하며 공을 드러내는 법이 없다. 일이 잘되면 전부 제 덕인 줄 알아도 흙은 섭섭해하지 않는다. 생물을 귀히 여기고 사랑하니 모두를 떠안을 수 있는 것이다.

사람이 태어나면 부모의 사랑을 받으며 올바른 인성과 지식을 갖추려 노력한다. 꿈이 생기고 청년이 되면 그것의 달성을 위해 열심히 살아간다. 결혼하고 자식을 낳아 기르면서도 성공을 위한 고난은 계속된다. 간혹 삶의 목표를 달성하는 사람도 있지만 그렇지 못한 사람이 더 많으리라. 세상을 다 주무를 것처럼 용맹도 내고 욕심도 부리지만 결국 돌고 돌아 한 줌의 흙이 된다는 게 허망한 듯하다. 하지만 그곳이 우리가 돌아가 쉴 수 있는 안식의 자리라 생각하니 마음이 평화롭다.

내려오다 죽염 공장 마당의 이지러진 단지 앞에 섰다. 그렇다. 꼭 다른 단지의 장에 신경 쓰느라 여기에 있는 것만이 아니라 원점으로 돌아가는 중이겠다. 세월이 흐르면 단단하던 몸도 가루같이 바스러져 흙이 되리라. 숙성 중인 옆 단지에 비와 외풍을 막는 것은 덤이라 한다. 단지의 넉넉한 품을 공손하게 어루만져 준다.

양파 줄기와 장 단지, 벚꽃과 버찌도 시간이 지나면 부스러져 땅 속으로 들어가리라. 인간도 세월의 차이가 있을 뿐, 언젠가는 한 줌 흙으로 돌아갈 것이다. 세상사 다그치지 말고 느긋하게 살 일이다.

단풍나무에게 배우다

가을 산을 만나러 갔다. 상수리나무가 갈색 잎과 열매를 흔들고 담쟁이넝쿨은 푸른 잎이 남은 떡갈나무 둥치를 휘감고 있다. 산길을 끼고 있는 바위 사이에 작은 개울이 흐르고, 낙엽을 가장자리로 밀어낸 흙길이 등산객을 반겨 준다.

울주군 온양의 대운산 삼봉 코스다. 꽤 오랜만의 등산인데다 얼마 전 허리 수술까지 한 터라 잘 오를 수 있을까 겁이 났다. 장비도 제대로 없으니 일행에게 폐가 되면 어쩌나 걱정했는데 다행히 산길이 완만해 용기가 난다. 굴참나무 잎이 살랑 내 앞으로 떨어지며 반기기에 콧노래까지 흥얼거리며 가볍게 올라갔다.

도통골 좌측 능선을 어느 정도 걷자 구부러진 급경사가 나타났다. 쳐다보기만 해도 겁이 난다. 굵은 동아줄을 잡았지만 오르기가 쉽지 않다. 여덟 명의 일행이 선두, 중간, 후미 그룹으로 나누어졌다. 복판 그룹에서 밀려나지 않겠다고 입술을 앙다물고 힘을 냈다. 그러나 자꾸만 한 명 또 한 명 뒤로 처졌다. 몇 바퀴 돌고 나면 평지가 나오겠지 기대했지만 가도 가도 끝이 없다.

앞선 사람이 꼭대기까지 갔다 오도록 기다릴까 하다가 수양과 실천을 힘껏 하라던 옛말이 생각나 용기백배 다시 힘을 냈다. 산비탈 끝에 '딸깍고개'라는 팻말이 보인다. '올라오시느라 수고하셨습니다. 고개를 넘기가 숨이 딸깍 넘어갈 만큼 힘들다 하여 붙여진 이름입니다.'라는 글이 작은 나뭇가지에 걸려 있다. 휴, 해냈구나. 수고했다는 글귀를 내미는 나무가 반갑고, 딸깍고개를 넘게 해 준 부실한 허리가 대견하다. 건강한 사람들도 오르기 힘든 고개라는데 성치 않은 몸으로 해낸 것이니 흡족하다. 평지에서 잠깐 무릎 운동을 한 후 손바닥으로 허리를 살살 어루만져 준다.

한숨 돌리고 보니 아까보다 훨씬 더 가파른 길이 나타났다. 이번에는 좌우에 동아줄이 쳐져 있다. 지팡이를 접어 배낭에 꽂은 다음 양손으로 밧줄을 잡고 끙끙대다가 나도 모르게 털썩 주저앉아 버렸다. 더 높은 고개는 내게 무리였다.

큰아이의 초등학교 운동회 날 욕심 부려 낭패당한 기억이 떠오른다. 그날따라 일이 있어 늦게 학교로 갔더니 나를 본 아이가 울음을 터뜨렸다. 좀 전 달리기 시합이 있었는데 응원해 주는 엄마가 오지 않아 일등을 못했다는 것이다. 초등학교 1학년의 여린 꿈이 입은 생채기가 미안하고 아렸다. 학창시절 단거리 선수를 한 적이 있던 터라 어머니 달리기 시합에서 일등을 해 주마고 약속했다. 하지만 막상 그 시간이 되어 달려 보니 오랜만의 뜀박질은 예상과 달랐다. 엄마

이겨라 하고 크게 응원하는 아들의 소리를 들으며 마음은 저 앞까지 가 있는데 몸이 따라와 주지 않았다. 정신없이 뛰다가 그만 다리가 엉켜 넘어져 버렸다. 일어나 다시 뛰었지만 느지막이 겨우 결승선에 들어갔다.

사업 수완이 좋던 어느 남자도 생각난다. 그는 공무원으로 몇십 년 일하며 알뜰히 모아 좋은 아파트를 마련했다. 여유가 있으니 미래를 보는 안목도 생겨 직장을 그만두고 바닷가에 호텔을 지었다. 여러 곳의 설계를 탐방해 장단점을 체득한 후 오랜 날이 걸려 호텔을 완성했다. 소형이었지만 입지가 좋은 데다 경영을 잘해 사업은 대성공이었다. 돈과 시간이 넉넉해져서 강원랜드의 카지노장으로 갔다. 자신감과 욕심이 넘쳤던 그는 한 해 두 해 세월이 흐르면서 수중의 돈을 탕진해 버렸다. 호텔을 담보로 잃은 것을 회수하려다 순식간에 그것이 없어지고 집까지 빚에 넘어가 결국 빈털터리가 돼 버렸다.

길옆의 편한 자리를 찾아 앉으니 유독 붉은 단풍나무가

눈에 들어온다. 가을을 맞은 잎들이 모양과 색을 하나도 흐트러뜨리지 않고 예쁜 손을 쫙 펴고 있다. 사시절 한곳에서 있으니 세찬 바람에 뿌리째 흔들리고 태풍을 맞아 가지가 꺾이기도 했으리라. 그 세월을 받아들여 바람 따라 움직이고 비 오면 옹이까지 씻어 내며 영양소를 만들었다. 그러다 찬바람 일면 잎을 저항 없이 땅바닥에 내려보내니 모양과 색깔이 순연하고 곱다. 아집을 버리고 생각과 맞지 않는 일을 긍정적으로 여기면 나도 그리될까. 있는 그대로 보아 세상살이가 쉽고 편해지면 몸과 마음이 단풍잎처럼 자유로워지리라.

계곡 아래를 내려다본다. 각각의 바위들이 가득하다. 그들은 이리 둥글 저리 둥글 제 마음대로인듯 하면서도 흔들림이 없다. 너럭바위에 앉았다. 힘에 부치는 산길을 오르느라 땀 흘려 얼굴 붉어지고 팔다리가 아파 찡그리는 것보다 얼마나 좋은가.

산꼭대기까지 갔다 오는 일행과 만보 등산로를 통해 산

을 내려왔다. 내리막길은 오르는 길보다 더 위험하다지만 계곡에서 쉰 덕분에 훨씬 수월하다. 천천히 오다 뒤돌아서서 산중턱마다 군락을 이룬 단풍나무에게 눈을 맞춘다. 그들도 자신들의 자리만큼 올라가서 묵묵히 키를 세우고 서 있다.

흙냄새와 뒤섞인 단내가 솔솔 난다. 비탈에 박힌 바위를 타고 오르는 망개 줄기에 조롱한 붉은 열매가 꽃향기처럼 감미롭다. 몸에 맞춰 오르고 쉬니 보고 싶은 것이 눈에 들어온다. 산 냄새가 제대로 느껴진다.

하다 보니

팔이 아프다. 묵직한 돌덩이를 올려놓은 듯 뒷목이 뻐근하다. 자세를 바로 하여 팔과 어깨를 돌려 스트레칭한 후 허리를 좌우로 풀고 앉았다 일어나기도 몇 번 한다. 몸이 썩 가벼워지진 않지만 새로운 기운이 퍼져 나가는 것 같다. 다시 컴퓨터 앞으로 가 앉는다.

결혼 후 30여 년을 집안에서만 살았다. 밥하고 빨래하고 청소하는데 온 힘을 쏟았고 자식을 또래에서 처지지 않게 키우려고 애썼다. 아이들이 웬만큼 자란 후 운동을 하다가 디스크가 탈 나 버렸다. 수술을 하고 어둔한 몸으로 수영교 아래를 걷는데 물속에서 팔뚝만 한 게 번쩍이며 튀어나와 앞으로 떨어진다. 헛것을 보았나 했더니 조금 후 또 하나가 떠올라 수직낙하한다. 숭어다. 산란을 하고 나니 몸이 가벼워져 묘기를 부린다. 강 수면이 가매지며 손가락만 한 치어 수백 마리도 물 밑에서 이동 중이다. 목과 겨드랑이가 간질간질해지며 숭어를 닮아가는 것 같다. 이 상황을 무슨 말로 표현할까.

아들이 해병대에 입대했다. 예쁜 편지지와 편지 봉투, 우표를 많이 샀다. 저녁마다 '파도가 크게 부서지네. 오늘 무슨 훈련 받았니. 매화 꽃눈이 봉긋하다.'고 편지를 썼더니 얼마 못 가서 더 이상 쓸 말이 없어졌다. 마음속에 할 이야기는 그득한데 글이 되어 나오지 않는다. 어떻게 하나.

무엇을 해야 할까, 문화센터로 갔다. 글쓰기 입문반에 등록하고 되건 안 되건 매주 써냈다. 글 쓰는 재미를 약간 알 듯할 때 폐강되어 버렸다. 몇 명이 용기를 모아 인근 대학

평생교육원에 등록했다. 몇십 년 만에 강의실에서 받아보는 수업은 경이로웠다. 수강생 중 반 이상이 등단한 작가였다. 열심히 읽고 듣고 물어가며 배웠다. 한 해가 지나니 등단한 이만 보이고 그러지 못한 나는 기가 죽었다. 대상을 만날 때마다 글의 재료가 되나 하고 굴리고 비틀어 보며 글쓰기에 전념했다. 천신만고 끝에 등단했다.

한 고개는 넘었으니 이제 좀 느긋해져도 되겠다 싶다. 글감이 내게로 오도록 책을 읽고 자료를 찾았다. 정신을 가다듬어 화살을 겨누고 빗나가지 않도록 주의를 집중했다. 글 전체를 순수하고 함축성 있게 할 수 있는 낱말 하나를 찾아 며칠을 헤맸다. 애써 다듬은 원고를 여러 동인지에 우송했다.

내가 보낸 글이 어느 문인회의 작품상에 선정되었다는 연락이 왔다. 꿈만 같다. 이런 일이 내게도 생기다니…. 옆에서 같이 웃어 주는 남편과 반갑게 전화하는 아이들이 고맙다. 오늘이 있도록 길잡이 해준 분들이 있었지만 마치 혼자 해낸 듯 이 사람 저 사람에게서 축하를 받는다. 언감생심

焉敢生心 작가라는 명함까지 생기고 보니 저세상으로 떠난 사람들도 다가온다. 늘 내 건강을 걱정하던 엄마와 신라문화제의 백일장에 나란히 참석했던 오빠와 딸처럼 아껴주던 중학교의 국어 선생님이 계셨으면 손뼉을 쳤을 텐데.

몇몇 문우들이 개인 수필집을 내었다. 나더러 언제 낼 거냐고 묻기에 실력을 연마해 십 년 후에나 내겠다고 했다. 하지만 나이 들수록 생각의 앞뒤가 엉켜서 글쓰기가 더 어렵다. 내심 큰일이라 여겨진다. 빨리 수필집을 내야겠다는 생각에 쓴 글을 프린트해서 읽어보니 마음에 들지 않는다.

작심하고 컴퓨터를 켠다. 다시 구성하고 적확한 단어를 찾아 고치느라 책상 앞에서 보내는 시간이 많아졌다. 운동을 게을리하고 컴퓨터 앞에만 앉아 있으니 혓바닥에는 가시가 돋고 어깨와 팔도 너무 아프다. 가족들은 왜 그리 힘들게 매달리느냐고 타박하지만 재주 없는 내가 대강해서 될 일인가. 내 이름이 적힌 책을 내는 게 얼마나 힘 드는 일인지 원고 다듬느라 애를 태우면서 비로소 알겠다.

추락하여 탑승객 전원의 목숨을 앗아간 비행기에 타려다 만 사람이 있었다. 어쩌다 그는 비행기에 타지 않았고 운명 아니면 우연히 선사한 생명을 받았다. 지금까지는 그저 목숨을 부지했지만 이제 자신이 살아 있다는 것이 분명히 인식되었다.

나도 사십여 년 전 교통사고로 보름 동안 의식이 없다가 눈을 떴다. 몸과 마음이 많이 부서졌지만 할머니와 어머니 그리고 아버지가 보였다. 살아야 했다. '욕심부리며 살지 않겠습니다~ 저의 앞날이 초라하지만은 않도록 보살펴 주십시오.' 기도하며 잃어버린 나를 찾아 챙기느라 온 힘을 쏟았다. 남보다 두 배는 어렵게 살다 보니 나도 모르게 욕심이 생기고 주위를 보는 눈도 까다로워진다. 피곤하다. 힘들여 지켜 낸 삶을 이렇게 살 수는 없다. 마음을 가라앉히고 한 박자 누그러뜨려 세상을 긍정적으로 바라본다. 나무들이 숨을 쉬고 숲이 이야기하면서 침묵하듯 잔잔한 글로 나를 위로하고 싶다. 보고 듣고 느낀 것을 구체적이면서 유연하게 형상화하려고 노심초사한다.

내 글쓰기는 남편이 출근한 후부터 시작된다. 앉아서 집중을 해도 글이 술술 풀리는 날은 없고 늘 문맥이 막혀 몸을 뒤틀다가 일어난다. 괜히 주방으로 가서 정리정돈은 잘 되었나 냉장고 안은 깔끔한가 확인하고 행주를 폭폭 삶아서 빤다. 나름대로 기분 전환의 방식이다.

산도스 마라이는 소설 ≪열정≫에서 쌍둥이처럼 보살폈던 벗과 사랑하는 아내에게 기만당한 후, 분노와 절망과 고독 속에서 41년이나 기다린 끝에 친구를 만나 영혼과 운명과 삶을 풀어내는 것을 열정이라고 했다. 컨디션이 가장 좋지 않을 때도 해낼 수 있는 차분하고 성실한 인내심을 말하는 것이리라.

이제 열정을 다해 앞으로 나아가는 길 외에 방법이 없다. 더 여문 글을 쓰기 위해 사상을 가다듬고 꾸준하게 모은 마음을 전부 바칠 일이다. 하다 보니 불가능할 것 같던 수필집 출간도 조금씩 진행되어 간다.

거꾸로 가는 열차

주위가 조용하다. 정적을 깨고 철길 가 여기저기서 찌찌직, 깍깍, 짹. 새들이 말을 주고받는다. 노랑나비 한 마리도 무얼 찾는지 왼쪽 오른쪽으로 팔랑거린다. 기적소리에 놀란 나비가 울타리 너머로 꼴깍 숨어 버리자 새들의 이야기도 뚝 그쳤다.

며칠 전 신문 기사에서 철도 소식을 접했다. 철길 전철화로 새 노선을 운행하게 되어 오래된 철로를 폐쇄시킨다 한다. 동해남부선 문텐로드의 끝자락에서 바다를 옆구리에 끼고 달리는 '해운대-송정' 간의 철길도 폐쇄된다.

달맞이고개와 바다 사이의 옛 노선을 타고 달리며 그림 같은 장면을 연출하는 기차에 앉았다.

"스르르릉 덜컹!"

열차가 문탠로드 옆 바닷가로 나섰다. 새하얀 파도가 고개를 쳐들고 열차를 향해 달려온다. 철로 옆 멀구슬나무들이 그 마음을 전달받은 듯 잎을 흔들며 수런거린다.

"송정역에서 내릴 손님은 하차해 주십시오."

승무원의 담담한 어조가 더욱 맥쩍게 들린다. 빨간 창틀로 내다보는 열차에 손 흔들던 초등학교 등하굣길의 기차를 추억한다. 오늘은 그 안에 앉아 바다와 나무의 대화를 들으며 낭만에 젖어 본다. 꿈속같이 멋진 이 길이 없어진다 생각하니 파도에 잡힌 눈길이 쉽게 거두어지지 않았다.

열차가 북으로 내닫는다. 우리나라에서 하나밖에 없는 '스위치 백' 구간도 사라진다 하니 그것을 타 보기로 했다. 중앙선으로 바꾼 후 영주까지 올라가서 영동선으로 갈아탔다. 이곳은 태백산에서 채집한 석탄과 시멘트 등을 공단으로 운반하느라 여객 열차보다 화물 열차가 많이 운행된다. 내리는 이가 없는 산 속 역사驛舍를 하나하나 통과해 탄광 도시였던 철암에 다다랐다. 텅 빈 아파트와 반쯤 무너진 상가가 슬라이드처럼 나타난다. 한때는 광물을 캐는 이와 가족들로 북적대었을 가게와, 하루 일을 마친 광부들을 품으며 쉬게 했던 집들이다. 모두를 떠나보내고 남루해진 그들이 검은 입을 크게 벌렸다. 외벽에는 어수선한 얼룩이 눈물 자국처럼 나있다.

철암역을 지나 해발 700여 미터 통리재에 올라서니 시야가 확 트인다. 철길 아래 산중턱에 산복도로가 있고, 그 밑에 또 다른 철로가 보인다. '스위치 백' 구간이다. 통리역과 나한정역 사이의 경사가 심해 열차가 고개를 한 번에 넘지 못하고 산자락을 지그재그로 돌며 넘어간다. 이 구간이 지하터널 공사로 다음 달부터 폐쇄되어 없어진다.

힘겹게 오르막을 올라간 기차가 홍전역에서 잠시 멈춘

다. 그러더니 나한정역까지 천천히 후진한다. 생전 처음 거꾸로 가는 열차에 앉아, 철로와 바퀴의 마찰에 마음을 집중시켰다. 스르륵 세상이 뒤로 미끄러진다. 의자에 앉았다가 침대로 옮겨 누운 듯 편하고 여유롭다. 창밖 산기슭 나무 밑에 반짝이는 것이 있다. 아이 키만 한 복슬나무에 세 개로 갈라진 잎이 있고 그 사이에 녹색 열매들이 빽빽하다. 까마귀밥나무다. 올라갈 땐 못 봤는데, 가던 차가 돌아오니 웬일인가 고개를 들었나보다. 추억은 모두 곱다고 했던가. 바람이 작은 우주를 하나씩 흔들자 나뭇잎들이 푸른 말을 건넨다.

별천지에 온 듯한 감동도 잠시, 나한정역에서 멈춰 선 기차가 앞으로 내달리자 가슴에 썰물이 인다. 때맞춰 주위가 흐려지더니, 쏴아 하고 소나기가 내린다. 조용히 달리던 열차가 움찔하며 덜커덩거린다. 천천히, 가늘고 긴 와이퍼로 앞 유리의 빗물을 쓱 닦으며 속울음을 삼킨다. 철길은 오랜 세월 묵묵히 앞으로, 뒤로, 또 앞으로 무거운 기차를 이끌어

왔는데, 얼마 지나면 그 일을 할 수 없게 된다니 주체할 수 없는 감정이 이는가 보다.

'안녕 스위치 백 철로야, 그동안 수고 많았다.' 열차는 무심한 듯 앞으로 나가면서도 덜컹거리는 소리로 아쉬움을 쏟아낸다. '이곳에 오지 않더라도 영원히 널 기억하마. 이제 좀 편히 쉬어라.'며 온 마음으로 철길을 위로한다. 그래도 철길은 삶의 끄트머리가 아쉬워 기차를 쉬 놓아주지 못하고 울먹인다. 가슴이 찌르르해 손수건을 꺼내 차창에 흘러내리는 빗물을 닦아 주었다.

해운대에서 강릉까지 열차를 타고 올라가며, 추억 속으로 사라질 철로와 마지막 인사를 했다. 원하지 않은 이별을 하게 된 기차와 철도, 그 변두리에도 슬픔과 아쉬움이 가득했다. 바다와 열차, 철로의 앙상블을 종일 지켜보며 새롭고 빠른 게 다 좋지만은 않다는 생각이 든다. 헤어짐을 예감하는 표정은 사람뿐 아니라 무생물인 기차와 철도도 마찬가지였다. 여행에서 만날 수 있는 수많은 이야기들 중 한 뭉텅

이가 훅 날아가 버린 기분이다.

철길이 폐쇄된 다섯 해를 지나 해운대역에 다시 와 섰다. 푸른 잎을 넓게 펼치던 멀구슬나무가 물기를 날려 보낸 흑갈색 잔가지를 흔들고 있다. 역사 근방 철로는 철거되어 시멘트가 발라졌고 그 너머 신작로까지 자갈이 덮여 졌다. 시멘트 길을 지나 자갈밭에 들어서니 오른쪽 울타리의 바알간 열매가 땅을 위로하듯 쓰다듬는다. 길 가운데에서 아주머니들의 웃음소리가 왁자하다. 철길 때문에 가까운 거리를 돌아다녀야 했던 그들은 시장에 다녀오며 지름길이 생긴 걸 반기고 있었다.

뒤돌아서서 한참 걸어 본다. 이제 철로와 열차의 자취는 어디에도 없다. 시멘트가 철길을 삼켰고 멀구슬나무도 고개를 숙였다. 침묵 위에 그리움이 깔려 있다.

봄을 기다리며

새벽 산의 공기가 달콤하면서 차다. 건너편 산에 소나무들이 빽빽하다. 열병식이라도 하는 듯 곧게 선 모습이 같은 원願을 가진 사람들을 닮았다. 오른쪽에서 바람이 휙 불자, 모두 맞은편의 해를 향해 고개를 수그린다.

대문 앞까지 왔던 봄이 멈칫 섰다. 한겨울에도 눈 구경이 어려운 부산인데, 입춘이 지난 2월에 눈이 내렸다. 기지개를 켜고 일어나 움직여 볼까 하다가 다시 움츠러들어 소파 깊숙이 몸을 묻는데 전화벨이 울린다. 아프기 전에 같이 골프를 했던 사람이다. 자주 운동하던 내가 허리 수술 후 몇 년 동안 집안에만 있는 게 안타깝단다. 움직이지 않으면 건강이 더 나빠질 거라며 울주군의 등억온천 옆 실내 골프장으로 가서 운동해 보자 한다.

막내를 대학에 보낸 후 골프를 시작했다. 큰아이와 둘째의 연속된 입시 뒷바라지로 지친 마음을 풀기 위해서였다. 초록 잔디 위에서 하늘을 가로지르는 하얀 공은 환상적이었고, 동반자들과의 연결 고리도 좋았다. 몇 년 동안 신나게 빠져들다 더 잘하려는 욕심이 생기면서 몸에 무리가 왔다. 운동을 쉬고 허리를 아껴야 하는데, 미련스럽게 계속하다 디스크에 문제가 생겼다.

나의 겨울이 시작되었다. 허리 치료를 잘한다는 병원과 한의원을 다녔지만 몸은 얼어붙기만 했다. 주위 사람들의 '수술은 절대 안 된다, 침을 맞아라, 물리치료를 하라.' 등 넘치는 처방에 나는 미로 속으로 빠져들어 갔다. 스스로 몸을 풀겠다고 척추에 좋은 운동을 하고, 마사이 신발을 신은 채 걸음 수를 세어 가며 평지를 걸었다. 그러나 허리는 점점 더 굳어져 몇 발짝 못 가 주저앉게 돼 버렸다.

하는 수 없이 수술을 받고, 그제야 인터넷을 뒤지고 책을 구해 읽으며 척추에 대해 공부했다. 전문가가 일러준 바른 방법으로 앉고 서고 생활했다. 걸을 때도 옆 사람에게 물어 가며 자세를 고쳤다. 인대와 근육 운동을 꾸준히 하며 허리가 건강해지기를 기다렸다.

멤버들과 같이 스크린 골프장으로 가던 길에 벚나무 터널을 만났다. 봄의 전령을 볼 수 있을까 눈을 크게 떠봤지만, 아직은 일러 은은한 자색 기운만 뿜어낸다. 오랜만에 잡아 보는 골프채는 반가움에 가슴을 뛰게 했지만 쉬이 감이 오지 않는다. 자세를 잡고 공을 쳐 보니 거리가 너무 짧거나 길고, 이쪽저쪽으로 정신없이 날아간다. 한심하고 부끄러워서 그만둬야 할 게 아닌가 싶다. 옆에서 동반자들이 오래 쉰 셈 치고 잘한다며 입을 모아 용기를 준다. 꺾어지던 마음을 추슬러 천천히 스윙하니 그제야 볼이 더러 맞기도 했다.

운동을 마친 후에도 심한 통증 없는 허리가 대견했다. 내 친김에 욕심을 부려 등산길에 따라나섰다. 산속은 아직 겨울이다. 멀리 하얀 눈을 덮어쓴 봉우리를 보며 어린 시절로 돌아간 듯 눈길을 내달렸더니 몸이 굳어 버렸다. 꽁꽁 언 공기까지 어깨를 무겁게 눌러, 허리와 다리가 욱신거린다.

부축을 받으며 힘들게 숙소로 내려왔다. 걱정하는 사람들의 마음을 느끼며 굳은 몸을 따뜻한 온천 물속에 푹 담갔다. 얼마나 지났을까. 다리가 펴지고 딱딱하던 몸이 차츰 풀어졌다. 허리를 좌우로 비틀어보니 통증 없이 돌아간다. 모두에게 감사하며 푸근한 등억온천의 밤에 몸을 눕힌다.

"꼬끼꼬-꼭, 꼬끼꼬-꼭"

수탉이 홰치는 소리에 단잠을 깼다. 적당한 간격을 두고 그것은 계속해서 반복된다. 허리는 가뿐하지 않았지만 산골 마을의 새벽 기운에 끌려 방을 나섰다. 얼굴에 닿는 공기가 산뜻하다. 정신이 맑아진다. 건너편 집에서 새벽부터 수탉이 열심히 소리치고 있다. 맞은편 계곡에서도 산새가 화답한다.

"삐익- 삑삑, 삐익- 삑"

온천 주변의 나무들은 봄을 맞을 채비로 열심히 몸을 뻗는다. 바지런한 청매화가 흰 꽃 몇 송이를 피우고 다소곳이 고개를 숙인다. 길모퉁이 백목련은 손가락 마디만 한 하얀 보송이들을 달고 수줍게 웃는다. 벚나무도 꽃이 필 날을 기다리며 자주색 운무를 휘감아 덮고 있다. 밥풀만 한 망울 속에 보드라운 꽃잎들을 꼭꼭 개켜 안은 채 봄을 머금은 산천이다.

수탉과 산새의 대화는 그칠 줄 모르고 계속된다. 봄을 기다리는 나무의 생각을 알아차리고 저희들도 한마음으로 비는가 보다. 어서 따뜻해져서 봄치장에 여념이 없는 매화와 목련, 벚나무의 꽃을 활짝 피우게 해 달라고.

산 기운을 들이마신 나도 그들을 따라 두손을 모은다. 내 몸도 지루한 겨울을 밀어내고 가뿐한 봄날이 되기를 간곡히 열망한다.

할레아칼라 일출

산꼭대기다. 발아래의 세상이 깜깜하다. 먼 곳에 희뿌연 선이 가늘게 그어진다. 산봉우리가 희미하게 드러나고 그 너머 바다가 잔잔하게 펼쳐져 있다. 먹물 같은 어둠을 지나 일출이 시작됐다. 붉은 선이 양쪽 끝에서 가운데로 들어오며 노랗게 변하더니 분홍과 남색을 약하게 덧입는다. 오묘한 색의 선, 그것뿐이다.

일출을 보기 위해 새벽잠에서 깬 얼굴에 찬물을 끼얹고 두꺼운 옷을 챙겼다. 몽롱한 상태의 일행이 두 대의 렌터카에 나눠 타고, 새벽 세 시의 적막 속으로 출발했다. 나무까지 잠든 숲속 도로는 가로등 하나 없어 사방이 칠흑 같다. 초행길의 운전자가 내비게이션에 의지한 채 바쁘게 달린다. 한참 가다 뒤돌아보니 따라오던 일행의 차가 보이지 않는다. 저승 같은 어둠 속에 오직 우리뿐이다. 조마조마했지만 산 입구에 이르자 하나둘 자동차가 나타나더니 꽤 많아졌다. 높이 오를수록 기온이 내려가 차창에 서리가 낀다. 정상 주차장에 도착하니 다섯 시. 산 아래보다 십여 도나 낮은 공기가 몸을 감싸 안는다. 눈을 크게 떠 어둠을 익혔다. 길을 더듬어 올라가 가까스로 앞자리를 잡았다.

할레아칼라는 미국 하와이주 마우이섬 동쪽에 있는 세계에서 가장 큰 휴화산이다. 높이가 태백산의 두 배나 되고 길이는 백 리가 넘으며 반대쪽 능선까지 가려면 산길이 능한 사람도 열 시간이나 걸린다는 큰 산이다. 완만한 경사를 이루는 서쪽 능선에는 간헐천이 있고, 침식이 심한 동쪽에는 깊은 계곡과 협곡이 많다. 크고 작은 분화구가 바람이 장난친 듯 변화무쌍하다. 광대한 사구는 움푹 파이고 둥그런 곡선으로 쌓여 노을이 꺼지는 찰나의 몽환적 분위기를 만든다. 화산 폭발로 올라온 산의 허리와 꼭대기에 구름이 연기처럼 걸려 있다. 가장자리에는 천체물리학 연구 단지인 '사이언스 시티'가 있고, 깊고 넓게 파인 여러 분화구가 달의 표면과 흡사해 우주 탐험가들의 훈련 장소로 쓰인다고 한다.

산의 이름이 하와이말로 '태양의 집'이라는 뜻이다. 반신반인半神半人인 마우이가 옷이 젖은 어머니에게 말릴 시간을 주기 위해, 그물로 해를 잡아 이곳에 가두었다고 하는 전설에서 생긴 이름이다. 일출 때 드러나는 산의 모습이 장관이지만 변덕 심한 날씨 때문에 힘들게 올라와서도 못 보는 경우가 많다.

여명이 밝자마자 수평선이 물들고 하늘이 환해지며 해가 둥실 올라오는 일출을 봐 왔던 나는 마음이 급해진다. 바다같이 넓게 펼쳐져 있던 것이 뭉실뭉실한 구름이라 올라오기가 더 쉬울 것 같은데 어쩐 일인지 더디기만 하다. 이러다가 날씨가 나빠져서 해 뜨는 것을 못 보는 건 아닐까 생각하니, 어제의 강행군으로 어깨 위에 얹혀 있던 피로가 한층 무거워진다. 세상에서 가장 아름답다는 할레아칼라 일출이 어서어서 구름 위로 드러나기를…. 제법 오래 정지된 여명 속에서 애를 태우고 보채 보지만 깜깜 오리무중이다.

붉은 구름 위로 태양이 솟았다. 새까맣던 산봉우리가 흑갈색으로 드러난다. 햇살이 중심부 핵에서 나와 조금씩 굵어지고 광채를 내면서 사방으로 뻗는다. 아지랑이처럼 피어나는 구름이 희한한 물체를 만든다. 공룡과 바위 모양이던 것이 연기처럼 흩어지더니 매끄러운 봉우리로 드러난다. 흑색 덩어리가 분화구로 부드럽게 흐르다가 갑자기 힘차게 뻗어 나간다. 매끄러운 삼각뿔, 부드러운 감람석의 결정체가 덮인 각양각색의 산봉우리들이 굽이굽이 펼쳐졌다. 면면히 드러나는 신비스러운 모습에, 마치 화성에 온 것 같은 착각이 일어난다. 깊은 심호흡을 한 후 숨을 멈췄다. 햇빛이 온몸을 어루만진다. 꽉 차 있던 피로가 스르르 발밑으로 빠져나간다.

할레아칼라의 태양 앞에서 자신을 들여다본다. 햇살이 천천히 올라오며 귀할수록 서서히 모습이 드러나는 법이니 모든 것을 좀 더 여유롭게 대하라 이른다. 일출을 기다리지 못하고 조바심낸 사실이 부끄럽다. 앞뒤 좌우를 살피고 생각해 가며 여유롭게 살겠다고 태양을 보며 다시 한번 다짐한다.

몇 년 전이다. 분만실의 울음소리가 우렁찼다. 됐다. 밖에 있던 사부인과 나는 손을 꼭 잡았다. 급하게 뛰어들고 싶은 마음을 잡느라 침을 꿀꺽 삼켰다. 초록 강보 위에 아기가 누워 있었다. 첫 손자다. 옆의 며느리도 건강해 보여 나도 모르게 높은 곳을 향해 '고맙습니다!' 인사를 올렸다. 손자는 처음으로 세상을 대하면서 어색해하거나 힘든 기색 없이 또랑또랑 야무졌다. "안녕 애야, 환영한다." 할머니의 첫인사에 예쁜 웃음으로 화답했다. 분홍빛 웃음이다. 표현할 수 없는 감동이 가슴에 넘쳤다. 얼굴은 아들을 빼닮았고 팔다리가 쭉쭉 긴 걸 보니 키는 며느리를 닮았는가 보다. 제 아빠와 엄마의 장점을 골라 닮았으니 재주도 좋은 놈이다. 자신 있게 세상으로 나온 손자는 가족을 기쁘게 하며, 따뜻한 햇살 같은 존재가 되었다.

일출이라는 찰나의 순간은 항상 새롭고 경건하다. 할레아칼라 일출은 평안한 하루를 예고하고, 옳게 살아가는 법을 일깨워 주었다. '느긋하고 여유롭게'를 결심하며 천천히 산길을 내려온다. 햇살이 한층 부드러워졌다. 내일은 또 다른 일출이 나를 맞이할 것이다.

3부

치자꽃에 얼굴을 묻고

아버지의 등/ 치자꽃에 얼굴을 묻고
함께 걷다/ 박하사탕/ 길을 내다/ 찬스/ 운동회/ 일몰

아버지의 등

일찍 일어나 세수를 했다. 주말을 맞아 고향 집에 왔다가 더 머물고 싶어 눌러앉아 버린 월요일 아침이다. 엄마가 끓여 주는 국밥을 후루룩 마시고 나자 6시 반, 댓돌 아래 아버지의 자전거가 출발 준비를 하고 있다.

짐자전거의 뒷자리에 앉았다. 내를 따라가다 둥글게 펼쳐진 무지개다리를 거쳐 논길을 지나 박물관에 이르렀다. 여기서부턴 아스팔트다.

"꽉 잡아라."

멈칫멈칫 팔을 뻗어 허리를 감싸 안는다. 듬직한 등이 내 몸을 받아들이고도 남을 만큼 넉넉하다. 얼굴을 갖다 대자 익숙한 아버지의 체취가 전해와 편안하다. 터미널로 가는 내내 부녀의 마음이 따뜻하게 오고 간다. 옆구리와 볼을 때리며 지나가던 겨울바람도 슬쩍 비켜선다.

꽁꽁 얼어붙은 동지섣달 저녁, 엄마가 부엌에서 밥을 지으신다. 아랫목 이불속에 손발을 넣고 앉았던 우리는 대문 소리가 나자 누가 먼저랄 것도 없이 잽싸게 일어난다. 아버지가 자전거를 세우신다. 마루청 아래로 내려선 형제들은 마당을 지나 대문 앞까지 내달았다.

"아부지, 다녀 오셨닝기요."

고개를 숙이는 자식들에게 눈길 한번 쓱 돌린 아버지는, 아래채 평상을 지나 할머니 방의 문을 연다.

"어무이, 다녀 왔십니더."

아버지가 할머니와 큰방으로 오면 저녁 식사가 시작된다.

밥상에 고등어구이가 올라왔다. 퇴근하시는 아버지가 경주 장에서 사 온 것이다. 둥근 상에 올망졸망 앉아 밥을 먹던 우리는 가운데 토막을 서로 먹으려고 젓가락 싸움이 벌어졌다. 엄마가 몇 번이나 눈치를 줬지만 다툼이 끝나지 않는다. 그때, 옆에서 할머니와 겸상을 받고 계시던 아버지가 "흠!" 하고 기침을 했다. 모두의 실랑이가 뚝 그쳤다. 욕심부리기를 멈추고 다시 조용히 밥을 먹었다.

범띠인 아버지는 신체와 성격이 흡사 호랑이셨다. 팔 척의 키에 팔다리는 근육이 많았고 등은 넓고 평평해서 엎드리면 아이 서넛은 쉽게 올라갈 수 있었다. 뼈대가 튼튼해 누구든 그 앞에만 서면 주눅이 들었다. 보는 이마다 황소 한 마리는 거뜬히 때려눕힐 거라고 했다. 아버지는 그 몸으로 황소와 겨룬 게 아니라 종갓집 장남 역할을 했다. 세상을 뜨신 할아버지의 뒤를 이어 일찍 가장이 되었다. 없는 살림에 네 명의 동생과 부모를 여읜 사촌들의 혼사까지 처리해야 했다. 자식까지 칠 남매나 둬서 그 짐이 얼마나 무거웠을까. 하나씩 내려 해결하는 동안 처리하지 못한 것을 메고 있으려니 어쩔 수 없이 등이 크고 단단해졌을 것이다.

책임이 워낙 중대해서 직장 생활을 하면서도 농사를 지어야 했다. 새벽 4시에 일어나 쇠죽을 끓이고, 논밭으로 나가 한나절 감의 일을 해 놓은 후, 아침을 먹고 전매서로 출근하셨다. 담배를 짐자전거에 가득 싣고 가서 판매상에 넘겨주는 게 맡은 일이었다. 해가 길 때는 퇴근해서도 들로 나가 나머지 일을 하셨다. 무뚝뚝한 표정으로 꼭 필요한 말씀만 하시던 아버지의 마음은 언제나 단단하면서도 견고했다.

"와 이래 늦었노?"

중 3때 어느 토요일, 학급 일을 하고 힘없이 집으로 가다가 퇴근하는 아버지를 만났다. 자초지종을 말씀드리니 빵집으로 이끌었다. 학생들의 빵집 출입이 금지됐던 시절이라 못 간다고 하자 엷은 웃음을 머금고 돌아보았다.

"괘안타. 아부지하고 같이 가머."

따라 들어가며 올려다본 아버지의 등이 철벽같이 든든해 보였다. 그날 나는 세상에서 제일 맛있는 빵을 먹었다. 가슴이 보름달처럼 부풀어 올랐다.

할아버지 제삿날, 자정이 가까워지면 아버지는 손전등을 들고 주방 앞에 서셨다. 엄마가 술 두 잔과 안주 한 접시를 내주면 멀지 않은 선산의 산소로 두 분을 모시러 갔다. 전기도 없던 시절 사방이 깜깜한데 혼자 무서워서 어떻게 산길을 가실까. 의아해서 쳐다본 아버지의 등은 평소의 모습이 아니었다. 가솔의 대소사를 처리하는 강직한 어른이 아니라, 빨리 부모님을 뵙고 싶어 내닫는 여린 자식의 마음이 얹혀 있었다. 할아버지 할머니를 모시고 돌아오면 그때부터 제사가 시작되었다.

젊을 때부터 많은 일을 한 탓에 몸이 쇠약해지더니 급기야 고혈압으로 쓰러지셨다. 지팡이 없이는 대문 밖 출입이 어렵게 되자 제삿날 부모님 모셔 오는 일을 작은아버지에게 넘겼다. 약해진 아버지 모습에 우리들은 가슴 아팠지만 정작 당신은 담담하게 그 일을 동생에게 맡기고, 병중에도 제주의 역할은 직접 하셨다.

그걸 보고 자란 우리도 아버지 제삿날이 되면 저녁을 먹고 산소로 간다. 제주 혼자가 아니라 형제들도, 어떨 땐 연로하신 작은 아버지와 조카들까지 가고 싶은 사람은 모두 간다. 절을 하고 앉아서 생전처럼 이야기를 하다가 "아버지, 이제 집으로 가십시다." 하고 모셔 온다.

어떤 이는 아버지를 무뚝뚝한 고집쟁이라 했다. 어릴 때는 친구들의 자상한 아버지와 비교하며 불만도 많았었다. 그러나 어른이 되어 생각해 보니 그것은 성격이기보다 일이 많아 잔정을 부릴 여유가 없었다고 여겨진다. 그런 고집과 뚝심이 없었으면 어떻게 집안 대소사 때마다 수십 명이나 되는 식구들을 거느릴 수 있었을까.

아버지께서 엄하게 키운 덕분에 우리 형제들은 잘 자랐다. 내가 어려운 시집살이를 견디고 고집 센 남편과 충돌 없이 잘 사는 것도, 아버지의 가르침을 받은 덕분일 것이다.

나이가 들수록 아버지가 보여 주시던 뒷모습이 더욱 또렷이 되살아난다.

무뚝뚝한 성격 탓인가, 꿈속에도 찾아오지 않으신다. 오늘따라 널따란 아버지의 등이 몹시 그립다. 거기에 마음 놓고 푹 기대고 싶다.

치자꽃에 얼굴을 묻고

저 아래 엄마가 보인다. 동생을 내려놓고 뛰어가 치마폭에 얼굴을 묻는다. 코로 입으로 가슴으로 흠씬 향을 들이마신다. 엄마는 동생을 안으려고 내 손을 밀어내지만 그럴수록 더욱 치마 끄덩이를 부여잡았다. 아무리 맡아도 싫지 않은 엄마 냄새다.

엄마가 외출하면 할머니 곁에서 놀며 늘 마음이 허전했다. 점심상에 오른 제법 흰 밥과 시금치나물, 잘박한 된장찌개를 아무리 먹어도 배가 부르지 않았다. 사금파리를 주워

한 살림 차려 놓고 동무를 불러 돈드깨비를 해봤다. 다른 애에게 엄마를 하라 하고 내가 딸이 되어 봤지만 재미가 없었다.

뒤꼍 장독대로 가 앉아 꽃밭을 들여다보았다. 봉숭아가 꽃을 오종종 달았고 맨드라미는 벼슬을 높이 치들었으며 색색의 분꽃도 초여름을 밝혔다. 담벼락의 자주달개비와 땅나리꽃은 바쁜 중에도 정성을 들인 엄마에게 보답하듯 꽃을 많이 피웠다. 어스름이 내릴 때까지 그 앞에 앉아 있었다.

차종손 칠 남매의 맏며느리로 시집온 엄마는 시 백부모가 일찍 세상을 버리는 통에 장손 아버지를 따라 얼떨결에 종부가 되었다. 매년 초여름 벌초 때는 일가친척들이, 가을이면 묘제 지낼 제물들이 넓은 마당을 가득 채웠다. 한 해 열한 번의 제사 때마다 오는 친척들도 수십 명에 이르렀다. 가난한 형편에 장손 몫이래야 남산 중턱의 천수답 몇 마지기가 전부라 음식 준비에 힘이 부쳤다. 엄마는 치자 열매를 두어 주먹 구해 짚으로 묶어 정지 기둥 높은 곳에 매달았다. 큰일 때마다 노란 물을 우려내어 곱고 맛난 고구마전과 파전을 몇 광주리씩 만들었다.

중년이 되어 서울 부산 대구 경주의 친구들이 고향 동네 최치원 선생 사당 앞에 모였다. 옛 추억을 살려 남산의 팔각정을 향해 오르니 금방 몇십 년의 세월을 뛰어넘어 어린아이가 되었다. 재잘거리며 올라가는데 어디선가 낯익은 향내가 슬쩍 코를 간질인다. 이게 무슨 냄새인가 고개를 갸웃하다 무릎을 쳤다. 두터운 단내, 엄마 냄새다. 사방을 둘러보니 길 왼쪽의 나무에 새하얀 치자꽃이 몽실하게 피어있다.

엄마는 부엌에서 불을 지피다가도 눈은 자주 높은 곳에 조롱하게 달린 치자에 가닿았다. 비가 오거나 밥이 끓어넘치면 혹시 그것이 눅눅해지지 않았나 하고 살폈다. 틈 날 때마다 만지더니 마음이 통했는지 언제부턴가 둘의 냄새가 비슷해졌다.

외할아버지 제사에 가는 엄마를 따라가지 못한 날은 집 안에 아무도 없는 것 같았다. 이튿날 학교에서 오는 길로 대문 앞에서 기다리다 돌아오는 엄마를 보고 뛰어가 부둥켜안았다. 외할머니가 보낸 맛있는 봉송에는 관심이 없고 엄마 냄새가 좋아서 그냥 오래도록 들이마셨다.

큰애가 두 돌을 막 넘기고 둘째가 태어났을 때다. 새내기 주부는 서툰 솜씨로 부엌과 마당과 장독대를 동동거렸다. 아기가 한사코 우유를 먹지 않아서 울 때마다 젖을 물려야 하니 첫째를 봐줄 시간이 없었다. 재롱떨며 엄마 따라 다닐 나이에 형이 돼 버린 아이는 늘 허전해했다.

어느 날 옷걸이에 걸어둔 윗옷이 없어졌다. 집안 곳곳을 아무리 찾아도 안 보이더니 삼촌 방에서 놀다 나오는 큰애가 몸에 두르고 있었다. 바빠서 제게 못 오는 엄마를 그것으로 대신하고 있었던 것이다. 그 후에도 수시로 내 옷을 끌고 다녔으며 밤에는 이불 위에 얹어 놓고 한 뭉텅이를 코에 대고 잤다. 엄마 옷을 감고 다니던 큰아이를 생각하면 아직도 마음이 아린다.

내가 어릴 때는 먹을 것이 넉넉지 않아서 항상 밥때를 기다렸다. 할머니 아버지께 겸상을 차려 드리고 두레상의 양푼밥을 중심으로 형제들이 둘러앉았다. 쌀이 귀하던 시절이라 서로 흰밥을 골라 먹으려고 신경을 곤두세웠다. 그래도 막내 동생은 엄마 가슴팍만 파고들었다. 성가셔서 떼려고 해도 막무가내였고 청년이 되어서도 엄마 옷섶에 코를 박고 떨어질 줄 몰랐다.

엄마가 먼 나라로 가신 지 스무 해가 되어가니 강산이 많이 변했다. 제삿날 친정집에 들어서자 막내가 뛰어나와 덥석 안았다. "어서 와요, 누나!" 하면서 코를 킁킁 댄다. 내게서 무슨 냄새가 나나 싶어 깜짝 놀랐더니 "큰 누나 한테서 엄마 냄새가 나요." 한다. 나도 어느새 떠나던 엄마 나이에 가까워졌나 보다.

설 명절이 다가온다. 우리 부부의 한복을 챙기다 아들 며느리 것까지 내어서 거풍한다. 며느리의 저고리 동정이 거뭇하기에 서랍 속에 있던 여분을 꺼내 새로 달았다. 반듯하게 편 후 거즈를 덮고 다리미질을 하자 조붓한 깃이 날렵하다. 불현듯 옛 장면이 떠오른다.

이십대 초반을 넘어 선 어느 추석날 한복을 구해 입었다. 엄마는 시집갈 때가 되었다고 좋아하시며 다른 짐과 부딪혀 구겨진 동정을 새로 꿰매 손질해 주셨다. 납작하면서 참한 동정에도 치자꽃 냄새가 어렸다.

공원을 산책하다 아련한 향내를 맡았다. 살펴보니 수풀 앞의 아기 키만 한 나무에 하얀 꽃이 소복이 피어 있다. 반가운 치자꽃이다.

한 다발의 꽃을 그러모아 오랫동안 얼굴을 묻는다.

함께 걷다

며느리가 떠나는 날이다. 건강히 계시라는 인사를 받고 알콩달콩 잘 살아라 말하며 마음이 먹먹해진다. 아들 내외를 실은 차도 쉬이 떠나지 못하고 서성이다 한참 후 골목길을 스르륵 돌아 나간다.

새아기는 결혼 후 직장 때문에 신랑을 따라가지 못하고 우리와 같이 살았다. 남편과 나는 며느리와의 생활이 신선하고 서로 몸 부대끼며 정 들일 수 있어서 좋았다. 그러나 시집오자마자 혼자 남겨진 새색시 마음은 얼마나 추웠을까. 아침에 새아기가 밥을 안치면 내가 반찬을 만들고, 그 아이가 찻물을 끓이면 나는 찻잔을 챙겨 냈다. 아들만 키웠던 엄마라 혹 거센 말투로 마음을 다치게 할까 싶어 조심했다.

직장에 나가는 며느리의 출퇴근길을 우리 부부가 배웅하고 마중했다. 내가 출근길에 따라 나가 버스 정류소에서 손을 흔들고, 퇴근해 차를 탔다는 전화를 받으면 그땐 남편이 마중 나갔다. 추운 날은 집과 정류장 사잇길을 차로 다닐까 생각도 했지만, 두 달 후면 신랑에게 가는 새아기라 같이 걸었다. 세찬 바람은 서로 막아 주고 추우면 팔짱 껴 체온을 나누며 정을 들여갔다.

크리스마스이브에 함께 기분을 내려고 요리를 하던 중 며느리에게서 전화가 왔다. 제 신랑이 서울에서 오라고 한단다. 섭섭했다. 그제 아들이 왔다 갔고, 연말에 내려오면 제 색시를 영 데리고 갈 건데 별나다 싶었다. 이렇게 음식을 준비하는 엄마는 무엇인가 싶어 화가 났다.

저녁상을 차리고 남편과 앉으니 괜히 서글프다. 그때 펄펄 내리는 눈 속에 있는 둘의 사진과 함께 '화이트 크리스마스입니다. 이 사람 올라올 수 있게 허락해 주셔서 고맙습니다. 메리 크리스마스^^'라는 메시지가 날아왔다. 그제야 얘들이 두 달 전에 결혼했다는 게 깨우쳐진다. 부부되어 맞는 첫 크리스마스라 같이 보내고 싶어 하는 마음이 이해되었다.

한해를 마무리하는 상을 가운데 두고 앉았다. 새아기가 처음에 혼자 남았을 땐 두려웠지만 우리가 사랑으로 대해 줘서 편하게 살았다고 했다. 아버지 어머니와 정이 들어 신랑 따라 가는 게 기쁘지만은 않다고 슬며시 마음 한 자락을 떨어뜨린다. 이튿날 아침, 김치랑 밑반찬을 보낼 궁리로 분주한데 정작 아들과 며느리는 짐을 쌀 생각도 없이 태평스럽다. 친정에 가서 저녁 먹고 올라간다는 새아기가 시아버지의 재촉을 받고서야 짐을 꾸린다. 짧은 시간에 이 집 식구가 되어 떠나는 걸 망설이는 것 같아 은근히 마음이 흡족하다.

요즘은 아들을 결혼시켜 살림을 내주면 그걸로 부모의 역할은 다했다고 여긴다. 저희들끼리 편하게 살도록 놔둬야지 가서 살펴 주면 간섭으로 생각하니 신경을 쓰지 말라고 한다.

지인은 의사 아들이 결혼해서 병원 근방에 살림을 차렸는데 한 번도 가보지 못했다. 자식이 사는 모습이 어떤지 궁금하지만 일 년이 지나도 초대가 없단다. 아들이 좋아하는 알타리무 김치를 먹이고 싶어 담았지만 그 집 앞 카페서 만나 건네고 돌아왔다 한다. 어떤 이는 아들을 결혼시켜 서울로 살림을 내고는 일 보러 갔다가 들렀더니 며느리가 싫은 눈치를 보였다. 그 후로 서울에 가도 아들 집에는 들르지 않고 바로 내려온다고 한다. 씁쓸하다. 빠르게 진행된 핵가족화로 벌어진 일이라지만 이래도 되는가 싶다.

결혼은 전혀 다른 환경에서 자란 남녀가 만나 한가족이 되는 의식이다. 처음엔 두 사람이 만나 정을 키우지만 혼인 후에는 양쪽 가족이 사돈 관계로 맺어진다. 새로운 부모 형제가 생겼으니 마음을 나누고 정을 틔우려면 자주 만날 필요가 있다. 불편해도 만남의 예를 갖추어야 하며, 상대의 입장이 되어 생각하고 더러 자신을 포기할 줄도 알아야 한다.

우리 새아기는 요즘 젊은이와 다르게 몸과 마음이 얌전하고 바르다. 음식 솜씨도 좋아 차려 내는 반찬이 맛깔스럽다. 그런데 밥상 차리고 설거지하는 시간이 너무 길다. 식재료, 기구, 물 등이 더할 수 없이 좋은데 왜 이렇게나 오래 걸릴까. 어떻게 말해 볼까 생각을 거듭하다가 문득 내가 새댁일 때를 떠올렸다. 시어머니로부터 부엌에만 가면 빠릿빠릿하지 않고 느리다는 소릴 많이 들었다. 일에 자신이 없고 실수할까 겁이 나서 조심해 움직이는 게 어른이 보기에는 답답했던 게다. 며느리도 주방 일이 익숙지 않아 그런 것이고 시간이 지나면 손에 익어 자연히 빨라질 것이라 여기니 걱정할 게 없겠다.

우리 고유의 된장을 보자. 콩을 삶아 만든 메주를 소금물에 띄워 장물을 덜어내고 만든다. 콩이 메주로 변했다가 된장이 되기까지에는 적정한 온도와 일정한 시간을 들인 발효가 필요하다. 정확한 양의 물과 소금, 적당한 햇빛과 바람, 넉넉한 옹기와 시간이 있어야 한다. 거기에다 정성까지 들어가야 잘 숙성되어 맛있는 된장이 된다.

현대인이 즐기는 커피는 말린 생두를 볶아 고루 분쇄하고 추출해야 깊고 구수한 맛을 낸다. 차의 풍부한 맛과 향도 자연 상태가 아니라 발효를 통해 분해시키고 가열하면서 생긴다. 커피 원두, 찻잎, 바닐라와 카카오 열매의 날 것에는 향기 성분이 적지만, 볶은 커피에는 팔천 종, 홍차는 오백 종, 구운 빵에는 사백 종 이상의 냄새 물질이 생긴다고 한다. 발효와 숙성의 결과이다.

된장과 차의 맛을 내는 것도 이렇게 복잡하고 어려운데 몇십 년 다르게 살아오던 사람이 한식구가 되는 게 어찌 쉬울까. 이 집 저 집 놓여진 상황에 따라 다양한 사정이 드러난다. 그에 맞게 이해하고 배려하는 마음이 숙성되어야 화목한 가족이 될 것이다. 새아기가 서울에서 살면서 자주 부산 집에 내려오는 것도 결혼 초 두 달의 생활에서 서로 다른 점을 비슷하게 발효시킨 덕일 것이다.

할아버지 기제사를 며칠 앞두고 며느리가 제사장을 같이 보려고 내려왔다. 마중 나가 귀여운 손자를 안으니 가슴이 넓어진다. 제물을 고르고 반찬거리를 사 담아 돌아오는 발걸음이 가볍다.

박하사탕

휴대폰에 문자가 들어온다.

'강ㅇㅇ님, 수술 종료되었습니다.'

회복실로 내려갔다. 쉬라고 보낸 제부도 뛰어왔지만 한참을 기다려도 동생이 나오지 않는다.

막내는 젊고 빠릿빠릿하니 한 시간을 다 채우지 않고 깨어날 줄 알았는데 모습이 안 보인다. '왜 이러지…?' 회복실 앞에서 서로 쳐다보며 불안한 마음을 감춘다. 한 시간 반이 지나서야 동생의 침대가 나온다. 뛰어가 손을 잡으며 눈을 들여다보았다.

"아, 살 것 같애…."

그녀의 말을 듣고 그제야 가슴을 쓸어내린다.

새해 업무가 막 시작된 날 밤, 서울 제부에게서 전화가 왔다. 동생이 갑자기 목이 아파 움직일 수 없게 됐다고 한다. 집 앞 병원과 한의원까지 가 봐도 통증을 잡지 못해 종합병원 응급실에 들어왔단다. 작년에 내가 요추 디스크 파열로 수술을 받았던 병원이다. 그때 나를 수술했던 의사가 척추 치료 전문의니 진료를 받아 보라 권했다.

동생의 경추 디스크 5번이 파열됐다며 급하게 입원하라 한단다. 디스크액이 신경관으로 들어가 신경이 죽어 가고 있다니 어찌할 건가. 빨리 서울 병원에 올라가서 수술을 잘 해 달라고 통사정이라도 해야겠다. 밤새 어수선한 꿈에 시달리다 급하게 서둘렀지만 저녁때가 되어서야 병실에 도착했다. 동생도 척추 이상이니 지난해 내가 입원했던 옆방 병실에 있었다.

의사 선생님은 건강해져서 동생을 돌보겠다고 온 나를 반가워한다. 내일 아침 첫 번째로 수술을 해 주겠단다. 옆에서 밤을 새우며 보살펴 주고 싶은데 동생과 제부가 극구 사양한다. 할 수 없이 아이들 집으로 떠밀려 왔다.

수술은 잘 되었다. 동생 옆에서 하룻밤을 새우기로 했다. 환자가 밤새 뒤척이며 갑갑해 한다. 스팀을 끈 후 무통 주사를 잠그고 주사약으로 조정을 했지만 나아지지 않는다. 정월의 야밤에 어쩔 수 없이 창문을 열었다. 새하얗게 얼어붙었던 바깥 동산의 눈이 알싸한 바람이 되어 들어온다.

동생은 좀 나아진 듯한데 창가 보조 침대에 누운 나는 찬바람 때문에 아리도록 춥다. 일어나 동생의 목 고정 장치와 주삿바늘을 확인하고 방안 이곳저곳을 다시 살핀다. 깨끗한 병실 공기에서 산뜻한 기분이 느껴진다. 차갑던 바람이 나를 따라 움직이며 병실 냄새와 어울려 진한 박하향으로 살아났다. 숨을 크게 들이마셔 얼얼한 듯하면서도 시원한 향을 몸속에 가득 채웠다. 늘어졌던 몸이 깨어나며 잠이 달아나 버려 오랜 기억 속으로 빠져 들었다.

어릴 때 할머니 방의 이층장은 보물 창고였다. 감나무밭 아지매가 갖다 준 홍시, 아버지가 월급날 사 오신 사탕 봉지, 고모가 해 오신 인절미, 심지어 작은아버지가 주신 용돈까지도 이층장 속으로 들어갔다. 할머니는 간식거리가 생기면 그곳에 차곡차곡 넣어 뒀다가 우리가 방 청소나 부엌 설거지, 그리고 자잘한 심부름을 하면 하나씩 꺼내 주셨다. 그중에서 아버지가 사 오신 박하사탕이 제일 맛있었다. 화한 박하향이 입안에 퍼지면 눈까풀까지 시원해지며 힘이 불끈 생겨 더 열심히 방바닥을 닦았다.

우리 형제는 아들 셋에 딸 넷, 일곱 명이고 나는 그중 맏딸이다. 셋째까지는 방 청소, 부엌 설거지, 물 길어 오기 등을 하고 사탕을 받아먹었지만 넷째는 어려서 그 일을 할 수가 없었다. 내가 청소를 하고 사탕을 받으면 막내는 "큰언니야" 하며 쪼르르 옆으로 와 섰다. 우리는 사탕을 나누어 먹었다.

S병원 척추 병동, 동생을 운동시키느라 복도를 돈다. 지난 해 입원했던 병실을 들여다보니 감회가 새롭다. 어눌한 몸을 기구에 의지한 채 보호자 손을 잡고 복도를 몇 바퀴씩 돌던 게 어제 일처럼 눈에 선하다. 퇴근 후나 휴일에 열심히 찾아와 내 손을 잡고 걸으며 "언니야" 하고 바른 자세를 주문하던 동생이 입원을 하면서 입장이 바뀌었다.

나는 동생처럼 야무지지 못하다. 작년에 수술한 허리가 완전하지 않아 그녀가 필요한 것을 미리 챙겨 주지도 못했다. 부산 집에 혼자 있는 남편이 걱정되고 주말에는 친구 아들 결혼식까지 있으니 병원에 오래 있을 수도 없다. 목이 불편하게 누운 동생을 걱정스러운 눈으로 들여다본다. 생각이 많은 만큼 마음이 답답하다. 제대로 베풀지 못해 맏언니라는 사실이 부끄럽다.

다행히 경과가 좋고 회복이 빨랐다. 나흘째 되는 날 부산으로 내려오기로 했다. "오래 있어 주지 못해 미안해."

말하는 눈이 촉촉해진다. 동생이 웃는 얼굴로 내 손을 꼭 잡는다.

"언니야, 잘 회복할게. 한달음에 달려와 줘서 고마워!"

그 말에 갑갑했던 마음이 박하사탕을 먹은 듯 확 트인다.

동생과 하직하며 병실을 천천히 둘러본다. 잘 정돈된 집기와 깨끗한 공기에게 그녀를 부탁한다. 출입문을 닫고 돌아서니 뒤따라 나온 상큼한 공기가 코를 간질인다. 걱정하지 말고 잘 가라고.

길을 내다

우가산 기슭 공터에 차를 세웠다. 한쪽에서 기다리던 사람들이 손을 들어 반긴다. 벌초를 위해 모인 친척들은 전부 남자들이다. 예전에는 문중 가족들이 모두 모여 산소를 다듬고, 회의 후 식사를 하며 집안의 번영과 화목을 도모했는데, 입산 금지로 길이 막혀버려 아녀자들은 못 온단다. 몇 해나 벌초에 참여하지 못 했던 나만 모르고 왔다.

오랜만에 와보는 산소길이 깜깜하다. 울퉁불퉁 흙길을 한참 올라가니 나무 사이로 잡초 넝쿨들이 마음대로 자라

길을 막고 있다. 쭉쭉 뻗은 소나무를 감고 도는 칡덩굴로 사방이 빽빽하다. 길잡이를 하는 아주버님의 등만 보고 올라가는데 구릿대나무 가지가 코를 때리며 고약한 냄새를 풍긴다. 옆으로 몸을 돌리자 이번에는 엄나무 가시가 거미줄처럼 포개져 따라오며 손을 할퀸다. 수풀을 헤치고 나무에 매달리고 조카들의 부축을 받아 가며 고생 끝에 겨우 도착했다.

자주 와 보지 못한 산소가 많이 흐트러졌다. 입향조라 크게 모셨던 봉분 여기저기가 허물어지고 축대도 비틀어졌다. 두 개의 망부석은 다른 방향으로 넘어져서 보는 이의 눈을 자욱하게 만든다. 모시천 같은 햇빛을 끌어당겨 바르게 앉은 상석이 그나마 할아버지의 권위를 세워 준다.

친척 대부분이 언양과 울산에 있는데 우리는 부산에 살고, 사촌 아주버님들이 일찍 돌아가셔서 문중 모임에 촌수가 가까운 이는 없다. 그래도 남편은 열심히 대소사에 참여한다. 그때마다 할아버지는 아랫부분을 반듯한 돌들이 둘러 받친 큰 봉분으로 위풍당당하게 앉아 성묘하는 자손들을 내려다보셨다. 그런데 산림 보호를 위해 입산을 금지시켜 숲이 우거지자 햇빛을 쬐지 못한 잔디는 상하고 잡초만 무성해졌다. 길이 없어져 아녀자들이 못 오니 벌초도 낫이 아닌 기계로 하게 되고 회의와 식사 분위기도 부드럽지 못하다. 세월 따라 변한 벌초 모습이다. 남편 혼자 보내기 안쓰러워 같이 왔는데 내년부터는 오지 못하겠다는 생각이 든다.

공자 71세 손 계桂 자 용龍 자를 쓰시는 입향조께서는 종이품 문무관 가선대부로 울주에 부임해서 도덕성을 회복해야 사회가 발전한다는 시조 공자님의 가르침을 실천했다. 부모에 효도, 형제간의 우애, 내면의 성실, 이웃 간의 신의를 근간으로 삼았다. 성격이 온화하면서도 강단이 있어 일을 잘 처리하셨다는 것을 통형通亨이라는 호가 말해준다. 자손이 귀한 집안이라 족보에는 그 당시 흔하던 삼, 사 형제가 거의 없다. 하나, 둘의 자식으로 이어지는 가계인데도 지금의 언양에 공촌孔村이라는 마을을 만들어 살만큼 자손을 퍼뜨렸다.

세 대의 예초기가 잡초를 자르고 네댓 명은 낫으로 나뭇가지를 쳐내고 예닐곱 명은 갈쿠리로 자른 풀을 긁어냈다. 답답하던 봉분이 시원하게 드러났다. 망부석이 상석 옆에 우뚝 서서 마주 본다. 입향조가 편안하게 앉으셨다. 하직 인사를 드리는 자손들을 향해 벙긋 웃으신다.

돌아오는 길은 기계가 앞장섰다. 봉분이 훤해진 할아버지가 조종하여 울창한 수풀을 헤쳐 주시니 기계가 쉽게 쳐내며 길을 만든다. 몸이 편해지자 숲속 나무들이 가까이 온다. 녹진한 그늘에 닭의장풀 서너 송이가 파랗게 고개를 들었고 옆의 맥문동 꽃 진 자리에 진녹색 열매가 조롱하게 반짝인다. 바람에 끌려 온 특이한 냄새를 따라가 보니 초피나무다. 열매는 익히 알고 먹어 봤지만 나무와는 첫 대면이라 나도 모르게 그 앞으로 가 섰다. 가시 가지 사이에 열매들이 빽빽하기에 따기 시작하자 뒤에서 올라오던 아재도

거든다. 잘 익은 것을 찾느라 뒤지는 내게 풋것이 마르면 더 짙은 향기를 낸다고 일러준다. 손수건에 따 모으다 아예 모자를 벗었다. 다른 이들은 모두 임도로 올라갔건만 우리는 초피 따기 삼매에 들었다. 모자 속이 그득해지자 그제야 숲이 잠잠해진 걸 느낀다. 도로를 향해 허겁지겁 뛰었다.

베란다 햇볕에 말렸더니 초피들이 입을 벌리고 까만 씨를 내뱉는다. 바싹 말려 절구에 찧자 알싸하고 단내가 사방에 퍼진다. 얼갈이배추 김치를 담그며 넣었더니 산뜻한 맛이 난다. 싱싱한 생선을 사서 초피를 살짝 치고 매운탕을 끓였다. 제대로 고향 맛을 낸다.

30년 전만 해도 삼대가 함께 사는 집이 많았다. 조금 잘 살게 되면서 생활환경이 더 나은 도시로 자식들을 내보냈다. 사회가 핵가족화되었고 바빠도 명절이나 집안 행사에는 빠지지 않던 사람들이 번거롭고 고생스럽다고 여기기 시작했다. 봉건 질서가 무너지며 문중 행사에 오는 사람 수가 점점 적어졌다. 성묘도 겨우 부모 산소만 하고 조부모는 소홀히 하며 그 윗대는 아예 신경을 쓰지 않는 이가 많다. 요즈음은 명절 연휴에 해외여행을 가느라 차례에 빠지는 사람도 늘었단다. 한술 더 떠서 여행지의 호텔에서 형식적인 차례를 지내기도 한다.

효제충신孝弟忠信을 강조하셨던 입향조 할아버지는 그런 세태가 가슴 아프셨다. 효도가 사회 질서를 바로 세우는 기본이 되기에 자손들만이라도 실천해 주기를 바라신다. 다음에 못 오겠다고 생각하는 철없는 손부에게 야무진 초피를 내보이며 길을 터 주셨다. 내년 벌초에는 아들까지 불러서 같이 가야겠다.

그때쯤이면 그 길에 알싸한 초피향이 짙게 퍼질 것이다.

찬스

홀로 맞는 아침이다. 찌뿌둥하던 날씨가 말갛게 고개를 든다. 이 방 저 방 문을 열어 보니 습기가 나붓이 앉아 있어 창을 열고 내보낸다. 차를 한 잔 우려내 베란다로 가니 바닷물도 기분 좋게 남실거린다.

남편이 며칠 집을 비우게 되었다. 나만을 위해 쓸 수 있는 날에 대한 기대로 마음이 울렁인다. 아버지가 장남이고 우리 형제도 일곱 남매라 항상 가족의 북적임 속에 살았다. 결혼도 맏이와 한 덕에 청소하고 빨래하고 음식 준비하는 집안일에서 놓여날 수가 없었다. 살림나서 단출하게 살거나 식구가 적어서 하루를 여유롭게 쓰고 남는 시간에 잠까지 자는 주부가 부러웠다.

금쪽같은 시간을 어떻게 쓸까 고민하다 고향 친구들에게 전화하니 서울, 대구에서도 멀다 않고 오겠단다. 1박 2일을 우리만 생각하며 보낼 수 있다는 사실에 신이 나서 휘파람을 불었다.

무엇을 대접할까 생각하다 어릴 적 먹던 감자 수제비가 떠올랐다. 양식이 넉넉지 않던 때라 보릿고개를 지나 감자를 캐면 엄마는 커다란 함지박에 밀가루 반죽을 했다. 마당 구석에 있는 양은솥에 그것을 넣어 수제비를 끓였다. 우리는 두 그릇씩 실컷 먹었고 양푼에 떠서 이웃집으로도 날랐다.

여름밤 엄마와 냇가에서 목욕을 하고 왔을 때, 평상에 친구네가 갖다 놓은 수제비가 있으면 얼마나 좋았던지…. 그것은 무엇과도 비교할 수 없는 맛이었다.

친구들이 오면 옛날 서로의 집으로 나누던 기억을 되살려, 수제비를 끓여야 겠다. 밀가루를 덜어 내 소금과 물, 식용유 한 방울을 넣고 되직하게 치댔다. 잘 반죽된 것이 숙성되게 통에 담아 냉장고에 넣었다. 대구에서 출발한다 하고, 서울 친구가 경주서 기차를 탔다는 소릴 듣고 멸치 육수를 준비했다. 커다란 솥에 물을 붓고 멸치와 다시마를 넣은 뒤 무와 파, 양배추 등 냉장고 속 채소들을 모두 넣었다.

육수가 완전히 우러나 집안에 구수한 냄새가 퍼졌을 때 친구들이 하나둘 도착했다. 감자 수제비란 말에 반가워서, 인사를 하는 둥 마는 둥 하고 서로 그것을 떠 넣겠단다. 숙성시킨 반죽을 내주니 친구 둘이 마주 서서 자분자분 얘기를 주고받으며 수제비 떠 넣는 재미에 푹 빠졌다. 풋고추와 마늘을 다지고 김치랑 밑반찬을 차려 다섯이 동그랗게 앉았다. 음식은 입으로만 먹는 게 아니라 마음과 눈으로도 먹는다. 우리는 김칫국물에 옷자락이 젖어도 상관없이 웃고 떠들며 경쟁하듯 두세 그릇씩 떠먹었다. 수제비 한 솥을 다

비웠다.

이기대로 가 갈맷길 옆 숲속에 들어서자 모두 오십여 년 전으로 돌아가 시골 아이가 되었다. 장난치며 걷다가 단단한 비탈길에서 미끄러져 손바닥에 생채기가 났지만 서로 쳐다보며 웃었다. 빨리 가겠다고 나뭇가지를 헤치고 오르다 부딪쳐 넘어져도 아픈 줄 모르고 신이 났다. 오륙도 스카이워크에서는 덧신을 신고 기분 좋게 나갔지만 까마득한 발밑 바다에 놀라 서로 부둥켜안고 엄마를 외쳐 불렀다. 돌아와 바다를 내려다보며 걱정거리들을 큰 숨으로 토해냈다.

고향 마을 앞에는 남천을 향해 흐르는 내가 있었다. 거기에 높게 '무지개다리'가 서 있고, 정월 대보름날 나이만큼 그것을 밟으면 일 년이 건강하다고 했다. 보름달이 환하게 떠오르면 우리는 다리에 올라가 나이 수만큼 밟았다. 워낙 높은 데다 난간은 낮아 겨울바람에 날려 갈까 겁이 나서, 너덧 명씩 팔짱을 끼고 발을 맞춰 가며 건넜다. 달님을 올려다보며 한 해 동안의 건강이 아니라, 공부 잘하게 해 달라고 빌었다. 걷는 동무 중 제일 참한 애를 쳐다보며 재보다 더 예쁘게 해달라고 소원하기도 했다.

초등학교 다닐 때 음지마을에서 출발해 서욱마을에서 한두 명을 보태고 아랫인왕을 지나 박물관 앞에서 양지마을 애들과 만나면 대여섯 명이 되었다. 거기서 학교까지는 허허벌판 속 비포장도로였다. 추운 날은 손을 입에 대고 호호 불다가 누가 먼저랄 것 없이 책보를 허리에 매고 뛰었다. 떠들썩하게 달리던 빨간 볼의 우리들이 눈에 선하다. 이야기 속으로 빠져들다 보니 창밖이 어둑해지며 파도 소리가 커졌다. 두꺼운 옷을 하나씩 걸치고 밤바다로 나갔다. 갯바람이 불어와 수변을 때린다. 발밑에서 파도가 철썩이니 가슴 깊은 곳에서 떨림과 흥분이 인다. 한 친구가 '멋지다!' 하며 뛰자 덩달아 왁자지껄 내달렸다. 한참 뛰다 서서 까만 수평선을 보니 지나간 시간이 우리들 옆으로 와서 멈춰 선다.

추억과 낭만에 젖어 라이브 카페로 갔다. 어쩐지 쑥스러워 이리저리 살폈지만, 마시고 노느라 아무도 우리에게 관심이 없었다. 조명이 번쩍이고 가수의 노랫소리가 커지자 한 친구가 모두에게 춤을 권했다. 쭈뼛쭈뼛했지만 아는 이가 없다는 안도감에 하나둘 일어나 몸을 흔들었다. 영화 〈써니〉의 주인공이 된 것처럼 자신을 이곳 분위기에 맡겨 버렸다. 한바탕 춤을 추고 나니 살면서 쌓인 스트레스가 다 떨어져 나가 날아갈 듯하다.

씻고 가뿐하게 앉아 서로를 쳐다보다 눈에 띄게 날씬해진 순이에게 모두의 눈이 멈춘다. 예쁜 얼굴에 가냘프던 몸이 결혼하고 점점 살이 불어났던 친구다. 많이 왜소해졌다고 하니 요즘 에어로빅을 한다며 일어나 시범을 보인다. 옆의 친구 둘이 따라 하자 나머지도 손뼉을 치며 한덩어리가 된다. 이 집안에 우리밖에 없는 것을 마음껏 즐긴다.

우리는 20여 년 각각의 환경에 따라 조금씩 달라졌지만, 산길과 스카이웨이를 걷고 추억과 낭만에 젖어 같아졌다.

음악 속에서 흥분된 몸과 마음을 흔들어 서로의 모서리를 털어 내고 동일해졌다. 밤새 눈빛 주고받으며 이야기 나누고, 무릎 맞대고 손뼉 치며 하나가 되었다.

밤을 꼬박 새웠지만 이튿날 우리는 고향의 들판처럼 푸르고 싱싱했다.

운동회

흥무공원 잔디밭이다. 학교 운동장만 한 땅에 잔디가 폭신하게 덮여 있다. 우리가 들어서자 여러 개의 천막 중에서 은발의 청년이 두 팔을 벌리고 뛰어온다.

"와, 부산 아가씨들이네. 어서 온나."

반가움에 모두 한덩어리로 얼싸안았다.

60년대 말 경주시 네 개 초등학교를 졸업한 사람의 연합 운동회가 격년으로 열린다. 행사를 거듭할수록 친해져서 학교와 마을의 담을 무너뜨리고 하나로 뭉쳐졌다. 이날은 현실의 나이와 사회의 신분을 던져 버리고 국민학생으로 돌아가, 서로 "야, 자" 하고 거리낌 없이 이름을 부른다. 각지에서 모이니 일찍 시작하는 게 무리다. 오는 대로 김유신 장군 묘와 송화산을 둘러보고 오후부터 운동회를 시작한다.

몇 년 전이었다. 점심을 받으러 가자 한 남학생이 반갑게 자리를 내어 주었다. 얼굴은 낯이 익는데 이름을 모르겠다. 목에 매단 명찰은 뒤집혀 있었다. 오십 년이 지났으니 기억을 못 하는 것도 무리는 아니지만 미안해서 더 고맙다. 얼마 후 점심을 받고 보니, 그는 우리 화랑학교가 아닌 계림학교 캠프로 간다. 그래, 우리는 한 학교는 아니지만 같은 해에 경주의 국민학교를 다닌 '69 동기생'이다.

족구 시합에서 우리 학교 선수들이 상대편의 공을 되받아치지 못하고 픽 넘어진다. 그들은 서브도 잘 넣고 스매싱도 잘해서 세 번 안에 공을 넘기는데 화랑학교는 영 형편없다. 3대 0 완패다. 애타는 우리에게 상대 선수가 점잖게 한

마디한다.

"오늘 너네 학교가 주최해서 운동회를 한다고 일부러 져 주는 거겠지."

꿈보다 해몽이 좋다.

"황남 선수 손들어. 하나, 둘, 셋, 넷. 다음 화랑 선수…."

진행위원이 선수 아닌 사람은 뒤로 가라고 해도 빙 둘러선 친구들은 물러설 기미가 없다. 윷놀이가 시작되자 왁자지껄 시끄럽다. 선수가 던질 준비를 하면 윷, 모, 백도 등 어찌나 주문이 많은지 응원이 아니라 협박 수준이다. 온 마음을 집중해 윷가치를 던진다. 발을 구르고 기뻐 손뼉 치며 엎치락뒤치락한 끝에 우리 학교가 이겼다. 신이 나서 서로를 얼싸안고 뛰어오른다.

화랑은 제일 작은 학교라 오늘 나온 친구 수도 적다. 줄다리기는 인원 제한 없이 나올 수 있으니, 우리가 가장 불리하다. 앞에서부터 촘촘히 꽉 잡고 숨을 모아 힘껏 당겨본다. 그런데 이게 웬일인가, 상대편이 끌려온다. 함성을 지르며 넘어지고 보니, 뒤에 다른 학교 친구 여럿이 매달려 있다. 화가 난 월성 아이들이 뛰어왔다. "야, 너 화랑 출신 아니잖아?" 그러자 도와주던 친구들 왈, "나 금방 화랑으로 전학 왔어." 모두가 배를 잡고 웃었다.

좋아서 뛰고, 아쉬움에 땅을 치며 운동회를 마쳤다. 150여 명이 나란히 잔디밭에 줄을 섰다. 호각 소리에 맞춰 막대 끝의 지구본이 입을 쩍 벌리자 각양각색의 종이 리본이 꽃비되어 내린다. 삽시간에 잔디밭이 화려한 꽃밭으로 변했다. 모두가 국민학생이 되어 두 팔 벌리고 뛰어올랐다. 흥분이 가라앉자, 빗자루로 쓸어 낼 수도 없는 일이라 걱정되었지만, 한 움큼, 두 움큼…, 해산 직전 허리를 굽혀 종이 줍기에 나섰다. 얼마 지나지 않아 초록색 잔디만 남았다. 됐다, 역시 우리는 신라 화랑의 후손들이다.

오늘은 화랑의 자손이 맥이 빠졌는지, 점심 식사가 끝났는데도 운동회가 시작되지 않는다. 윷놀이 시합을 알리는 방송을 해도 반응이 없다. 경기에는 관심이 멀고 오랜만에 만난 친구와 정담 나누기에 바쁘다.

한참 후, 윷가락이 던져지자 말 달리고 잡고 잡힌다. 그런데 선수와 점수를 표하는 이 외에 응원 나온 사람이 없다. 대표로 나갔는데 왠지 윷, 모가 잘 나오지 않아 말 놓는 친구와 자리를 바꿨다. 연달아 모가 나온다. 상대편이 내가 던지는 자리에서 모가 잘 나온다고 바꾸자 한다. 인심 좋게 바꿔 줬지만 그는 도와 개만 나온다. 일곱 명의 호흡이 잘 맞아 줄넘기를 열여섯 번이나 했다. 황남, 월성이 서너 번밖에 못 넘어 신이 났다. 그런데 마지막의 계림이 서른 번이나 넘었다. 다른 학교가 뛰는 걸 찬찬히 연구해서 비법을 찾아냈는가 보다. 달리기는 뛰다 엎어질까, 족구와 줄다리기는 힘쓰다 넘어져 다칠까 싶어 취소됐다. 신발 벗어 던지기를 한다고 20여m 앞에 동그라미를 그려 놓았다. 온 힘을 다해 내동댕이쳤더니 동그라미를 지나 왼쪽으로 날아가 버렸다. 우리 학교가 꼴찌다.

행운권 추첨이 다가왔다. 오래 기다린 끝에 번호가 불렸다. 상품이 가볍지만 제법 크다. 기대에 차서 풀어 보니 곽 휴지다. 그래도 이게 어디냐, 기쁘다. 마지막으로 불린 부산 수자의 상품은 선풍기다. 먼 곳에서 여학생 여럿이 왔다고 제일 좋은 상품으로 특별히 신경을 썼나 보다. 고맙다.

나이를 먹으니 운동회의 내용이 달라졌다. 이기려고 있는 힘을 다하고 응원했는데, 이제는 그게 중요하지 않다. 운동회라고 펼쳐 놓았지만 자잘한 놀이를 하며 먹고 마시고 담소하는 자리가 되었다. 어느 순간부터 패기가 쏙 빠져 버린 것 같아 씁쓸하다. 하지만 이게 어릴 때 운동회 날의 진짜 모습이 아닐까. 그땐 달리기에서 공책상을 받는 것도 중요했지만, 어머니와 할머니가 떡, 찰밥, 고구마, 삶은 달걀 등을 가지고 와서 먹는 게 더 좋았다. 이웃 사람들과 둘러앉아 음식을 나눠 먹으며, 마을 주민 전체의 운동회이기도 했다.

경주 친구들이 성심으로 마련한 여러 음식이 참 맛나다.

황남의 남자 친구가 돼지 수육 한 접시를 들고 찾아왔다. 재담과 술잔을 주거니 받거니 한 뒤 일어나는 그에게 쫄깃한 문어를 한 쟁반 들려 보낸다.

송화산 중턱에 해가 걸리자 아쉽지만 다음을 약속하며 일어난다. 추첨에서 받은 휴지 한 통이 어릴 적 운동회의 공책상처럼 기분 좋게 내 손에 들려 있다. 조그만 시골 소녀의 등 뒤로 산 그림자 길게 눕는다.

일몰

▮진이 1

종일 바빴다. 시아버지 제사 음식 준비하랴 친척들 맞이하랴 정신이 없었다. 새벽 1시, 기제사를 마치고 음복상을 차리다 보니 진이가 안 보인다. 시누이가 5층 옥상에 올려놨단다. 추운 2월의 야밤에 주먹만 한 것을 깜깜한 곳에 혼자 두다니. 후다닥 안고 내려왔다. 바들바들 떨며 굳은 강아지를 담요로 말아 호호 입김을 불었다. 몸이 쉽게 나긋해지지 않는다. 제삿날이니 심호흡 두어 번으로 화를 누를 수

밖에.

진이를 들여다본다. 힘없이 누워 사료도 먹지 않는다. 좋아하는 육포를 줘도 관심이 없다. 무서움과 추위에 얼마나 떨었으면 이럴까 마음이 아리다. 참기름에 쌀을 볶아 흰죽을 쒔다. 눈도 뜨지 않았지만 고소한 냄새를 맡고 입은 벌린다. 정성 들여 한 달여 치료를 했지만 기침이 그치지 않는다.

20여 년 전이다. 하얀 얼굴에 새까만 눈과 코가 단추처럼 박힌 몰티즈 진이가 우리 집에 왔다. 가족들은 좋아했지만, 개를 싫어하는 나는 한 걸음 건너 앉아 조심조심 살폈다. 낮에 둘이 남으면 손을 깨물거나 할퀼까 봐 노심초사하면서 밥을 주고 변을 치우고 목욕까지 시켜야 하는 게 부담스러웠다.

진이는 나와 친해지려고 '거실에서 놀고 방으로 들어오면 안 된다. 변은 신문지 위에서 눠라. 식탁 주변을 기웃대지 마라. 조용히 집을 지켜야 한다.'는 요구를 잘 따라 주었다.

말을 잘 들으니 마음이 풀려 목욕시켜 단장해 주고 가끔 장난도 쳐 주니 좋은가 보다. 아침에 일어나 나가면 반갑게 뛰어 온다. 앞발을 번쩍 들고 섰다가 잘 잤냐고 머리를 쓰다듬어 줘야 네 발로 선다. 아침 인사인 게다. 싫은 짓 않고 귀염을 떨어 살가운 정이 들어가던 길이다.

수소문해서 기침 치료를 잘한다는 수의사를 찾았다. 병원 가는 날, 1층까지 내려가 배웅을 했다. 잘 다녀오라고 손을 흔들었지만 돌아보지도 않고 차를 타 버린다. 다른 때 같으면 눈을 맞추고 가는데 뒷모습만 보여 주었다. 왜 저럴까. 그래도 능력 있는 의사에게 가니 잘 치료하고 오겠지 생각하며 아쉬움을 달랬다.

혼자 돌아온 남편의 어깨가 축 처져 있다. 감기가 아닌 홍역이란다. 깜깜한 옥상에 버려진 두려움과 살을 에는 추위가 이런 엄청난 결과를 가져왔다. 병원서는 안락사를 권한다. 개에게 홍역은 불치의 병이라 걸리면 대부분 죽고, 살더라도 몸의 한 부분이 온전치 못하게 된단다. 불구의 몸으로 살아야 하는 개도, 같이 사는 주인도 괴로우니 그게 최선의 방법이라고 한다. 반 년 만에 인위적으로 생명줄을 끊어야 한다니 마음이 섬뜩하다.

아쉬움과 체념이 뒤범벅된 눈으로 진이가 쳐다본다. 저 눈빛은 무엇을 원하는 건가. 어떻게 하는 것이 그를 위하는 것일까. 오만 가지 생각으로 가슴과 머리가 복작댄다. 녀석을 조금이라도 더 편하게 해 주기 위해 어려운 결정에 따르기로 했다.

소파 옆에 진이가 쓰던 집이 커다랗게 입을 벌리고 있다. 밥그릇이 휑하게 비었고 옆 그릇에는 눈물 같은 물이 반쯤 차 있다. 가만히 들여다보니 새까만 눈이 설핏 나타났다 사라진다. "안녕~ !" 저세상으로 가는 강에 아픈 몸 씻어 내서 기침 그만하고 편히 잠들기를 기원한다.

진이를 목욕시키듯 정성스럽게 밥그릇, 물그릇을 그리고 집을 씻었다. 뽀송하게 말려 선반 위에 올렸다.

▮진이 2

몇 년 후 새로운 강아지가 왔다. 태어난 지 한 달 반 된 자그맣고 하얀 몰티즈였다. 이제는 나도 개를 좋아하게 되어 반갑게 맞았다. 선반 위의 물건을 내리고 이름도 진이라 그대로 불렀다. 예쁘고 덩치가 작아 봉제완구 같았지만, 재롱이 늘어나는 만큼 나누는 정도 쌓여 갔다. 눈빛만으로도 속마음까지 주고받으며 살았다.

뽀얗고 귀엽던 녀석이 십 년이 지나자 피부병이 생기더니, 털이 푸석해지고 뭉텅뭉텅 빠져 버렸다. 두어 달 산책을 했더니 털의 윤기는 돌아왔지만 새로 나진 않아서, 피부병에 좋다는 온천수를 받아와 목욕을 시켰다. 천천히 종기가 낫고 새 털이 돋으며 살가운 모습으로 돌아왔다. 그러나 열다섯 살이 되면서부터 심장에 이상이 생겼다. 기침약을 먹어도 좋아지지 않더니, 결국 곡기까지 끊어 버렸다. 기어이 의사는 안락사를 권했다.

강산이 변하도록 주고받은 정이 있는데 어찌 그럴 수 있

나. 쇠고기를 갈아 넣고 찹쌀죽을 끓였다. 하루 세 번씩 떠 먹이기를 다섯 달, 잘 받아먹은 진이가 일어났다. 몇 달이 지나자 기침도 그쳤다. 2년 만에 약을 끊으니 죽을 때까지 약을 먹여야 한다던 의사 선생도 놀랐다.

하지만 세월은 비켜갈 수 없었다. 눈과 귀가 어두워지고 다리에 힘이 빠졌다. 나를 보는 눈이 점점 간절해졌다. 남편과 나는 외출하면 항상 빨리 돌아가려 애썼고, 녀석은 잘 보이지 않는 눈으로 우리를 찾느라 온 집안을 헤매고 다녔다. 집을 비운 사이에 먼 길 떠나버릴까 봐 몇 년 동안 여행도 가지 못했다.

설 며칠 전 목욕을 시켰더니 제집으로 들어가며 캉캉 크게 짖었다. 몸에 경련이 일어나며 뒤틀린다. 제발 고생하지 말고 죽음의 강에 떠 있는 배를 타라. 진정한 환희를 누린다는 하늘나라로 쉬이 가라고 빌었다. 그 마음을 읽었는지 진이가 정신을 차리고 일어나 깊은 눈으로 쳐다본다. 가슴에 꼭 안아 주자 눈을 맞춘 후 거실 곳곳을 천천히 들여다본다.

20년의 생과 마지막 인사를 하는 모양이다. 두 바퀴나 돌고 제집으로 들어가 눕는다.

그때 서울 아들네에서 전화가 왔다. 손자가 영상으로 진이를 보여 달란다. 두 살배기에게 이 모습을 보일 수가 없었다. 아파서 잔다고 얼버무리며, 아들에게는 녀석이 오늘 밤은 못 넘기겠다고 일러줬다. 그런데 어찌된 영문인지 차츰 몸에 힘이 돌아오더니 서너 시간 후 정신을 차렸다.

설에 내려 온 어린 손자와 사이좋게 놀기에 이제 얘도 우리 식구라는 걸 알았나 보다 했다. 세수 풍습 챙기기와 윷놀이의 재미에 빠진 가족 속에서 진이는 조용히 며칠을 보냈다. 아이들을 보낸 후 온천수를 데워 목욕을 시켰다. 잘 씻겨주고 싶어 혓바닥과 입천장까지 닦아 냈다. 보송하게 몸을 말려 주자 천천히 거실로 향한다.

또 기침을 하고 숨이 가빠지며 제 집에 거꾸로 누웠다. 거친 숨소리가 잦아들자 가족들을 둘러본 후 다리를 가지런히 모은다. 까만 눈동자의 초점이 차츰 없어진다. 조심조심 쓰다듬을 수밖에. 진이는 모든 것을 받아들이는 듯 편안하다. 지난번 손자의 "보고 싶다"는 소리에 나서던 길 접고 기다렸나 보다. 아들네를 보낸 다음 날 진이는 비로소 생의 강을 건너갔다.

편안히 누운 채 아름다운 일몰처럼 천천히 꺼져 갔다.

4부

홀로 앉다

솔 안/ 멀고도 먼 길/ 펄럭이다/ 홀로 앉다
열두 시간/ 하, 하, 하/ 위대한 이름/ 어느 갈망

솔 안

여섯 살 때다. 아침상을 물리는데 아재가 대문 앞에서 깍두기 달라고 소리친다. 일찍부터 이 집 저 집에서 거두어 모은 동치미, 콩나물, 멸치볶음들이 리어카에 실려 있다. 가마솥을 실은 손수레가 솔 안으로 올라가자, 쌀과 국거리, 김치와 나물, 술과 돼지 수육 등이 뒤따른다. 공동으로 마련해 놓은 그릇과 수저, 상들을 따라 엄마와 동네 아지매들도 올라간다.

몇 개의 아궁이에서 장작이 활활 타고, 벌건 소고깃국과 하얀 쌀밥이 구수하게 익고 있다. 맛깔스러운 참꽃 화전이 솥뚜껑에서 지져지고 숭덩숭덩 썬 돼지 수육과 팥고물을 묻힌 찰떡도 있다. 동네 사람들은 흥이 넘쳐 서로 권하느라 왁자하다. 탁주 말통 뚜껑이 열리고 술잔이 채워지자 얼큰하게 취한 어른들의 춤과 노래가 시작됐다. 뒷집 할배의 창이 나오자 낭간할매가 팔다리를 내저으며 너울춤을 춘다. 아재의 닐리리 맘보에 맞춰 아버지가 무릎 사이에 술병을 끼우고 찰찰찰 박자를 치자 아지매들도 몸을 흔든다. 신명 있는 자가 노래하며 곱사춤을 추니, 점잖고 얌전하던 사람들이 겅중겅중 웃싸웃싸 어깨춤으로 화답한다. 어른들의 흥에 겨운 춤을 구경하는 꼬맹이들까지 신이 나서 고개를 까딱거린다.

경주박물관 남쪽의 무지개다리를 지나면 한쪽에 냇물을 끼고 남산에 기대앉은 '해맞이마을'이다. 동네 꼭대기에 산과 들을 물고 아름드리 소나무 대여섯 그루 아래 둥그렇게 잔디를 펼친 곳이 있다. 마을 사람들은 이곳을 '솔 안'이라고 불렀다. 매년 개구리와 벌레가 동면에서 깨어 움직인다는 경칩쯤이면, 여기에서 '놀음'이라는 봄맞이 행사를 거하게 했다.

어울려서 음식을 먹는다는 것은 서로 마음을 주고받는 가장 원초적인 형태이다. 마을 사람들은 추렴한 음식을 먹으며 마주 보는 눈이 둥글게 휘어지고 입꼬리는 귀에 걸렸다. 신나게 노래하고 춤춰 겨울 동안 쌓인 먼지를 털어 낸 후 몸안의 세포마저 흔들어 깨웠다. 집은 대문을 열어 놓은 채 올라왔지만 아무도 신경 쓰지 않았다. 온 힘을 쏟아 올해 농사에 풍년이 들고 소원하는 일을 이룰 수 있는 공동의 힘을 만들었다. 그 기운을 솔 안에다 차곡차곡 심었다.

공간은 그 안에 사는 삶에 따라 특별한 장소가 된다. 사람과 함께 변하고 세월 따라 그 의미도 달라진다. 솔 안은 해맞이마을 제일 높은 곳에 있으면서 동네 사람들의 바람이 심어져 있다. 논밭에서 일하다 여름 햇빛이 너무 뜨겁거나 갑자기 소나기가 퍼부을 때 그리로 가면 소나무는 가지를 넓게 펴서 햇살을 가리고 빗물을 막아 주었다. 해결되지 않는 일로 마음이 복작거릴 때도 그곳 잔디에 앉아 시원한 솔바람을 쐬면 마음이 가라앉으며 실마리가 풀렸다. 솔 안이야말로 해맞이마을을 지켜 주는 수호신이었다.

서울을 다녀오던 길에 예정에 없던 친정으로 갔다. 무지개다리 옆으로 큰 길이 열렸으며 마을을 연결하는 찻길도 생기고 뒷마을로 가는 고샅길도 넓혀졌다. 동네마다 경운기를 몇 대씩 갖췄고 두세 집 건너 자가용도 있다. 시내로 가려면 걸어서 두 부락을 지나 차를 타야 했지만 이제 하루 세 번씩 시내버스가 들어온다. 아이들 교육 때문에 분가할 필요가 없어져 대가족이 늘어나며 마을에 젊은이가 많아졌다. 나지막한 초가집 일색이던 시골집들이 콘크리트 양옥과 점잖은 기와집으로 바뀌었다. 몇 집이 늘어났지만 대부분은 세대를 바꾸어 그대로 살고 있다.

동생네가 사는 친정집이 텅 비었다. 평상에 앉았더니 저

위 솔 안에서 솔잎들이 바람에 살랑거린다. 불현듯 어린 시절이 떠올라 밭두렁을 밟고 올라갔다. 신발을 벗어 든 채 잔디밭을 한 바퀴 빙 돌아본다. 반백 년이 넘게 흘러 세상은 달라졌지만, 이곳은 변한 것이 별로 없다. 하늘은 여전히 푸르고 흙과 강물은 풋기가 어렸으며 햇살과 바람을 담은 이끼도 싱그럽다. 아름드리 소나무와 잔디 속에 드문드문 난 클로버조차 그대로다.

옛날 아궁이가 있던 곳을 지나 어른들이 회돌던 자리로 갔다. 고요로운 터를 골라 앉으니 찌뿌둥하던 마음이 올라온다. 아들네가 서울에서 집을 팔면서 새 집을 계약할 때까지 이사 오지 않는다는 약속을 말로 하고 계약서에 쓰지 않았다. 이사 갈 집은 구해지지 않았는데 날짜가 다가오니 부동산에서 집을 비우라 한다. 일정기간 살 곳이 없어졌다. 야무지지 못해 욕보는 게 마음 아프고, 괜히 부모까지 속상하게 한다 싶어 화도 난다. 약게 살 필요는 없지만 꾀부리는 사람에게 당하지는 말아야 할 텐데.

걱정을 모아 솔 안에 펼쳐 낸다. 머리가 어수선해 눈을 감았다. 소나무 가지에서 금싸라기 같은 햇살이 내려와 이마에 꽂힌다. 어디선가 신나는 노랫소리가 들린다. 숟가락 꽂은 됫병을 정강이에 끼워 흔드는 아버지를 중심으로 동네 어른들이 빙 둘러서서 노래를 부른다. 후렴까지 마치자 햇살에 실려 먼지처럼 사라지고 만다. 따뜻한 울림이 등줄기를 타고 온몸으로 전해진다.

살아가면서 누구나 역경에 부닥치고 그것을 해결해 가면서 길을 닦아 나간다. 많은 실수 속에서 지혜를 배우고 어려움을 이겨내면서 중요한 가치를 지니게 된다. 갑자기 머리 위에서 솔방울들이 우두두 떨어진다. 안타까워하지 말고 자식이 헤쳐나가는 것을 가만히 지켜봐 줘야 한다는 선친의 말씀이 들리는 듯하다. 솔 안에 심어진 해맞이마을 어른들의 마음 덩어리가 나를 다독인다. 애면글면하지 마라. 믿고 기다리면 자식은 걱정을 끊어 낸 만큼 더 큰 사람이 될 것이다.

솔바람이 한차례 지나간다. 머리가 시원해지고 마음이 평안하다.

멀고도 먼 길

가도 가도 끝이 없다. 가파른 산길이 아닌 두루뭉술한 언덕길 오르기가 왜 이렇게 어려울까. 평소 이 정도의 길은 식은 죽 먹듯 쉽게 걷는데, 어째 이곳은 참 힘이 든다. 제법 너른 데다 손질까지 잘해놓아 발을 잡고 매달리는 돌부리도 없는데 이상하다. 너무 피곤해 길바닥에 털썩 주저앉았다.

여름휴가의 끄트머리, 계획했던 일을 마치니 해가 두어 자락 남아 있다. 천안에서 내려가며 백제 유적을 보고 가리라 자동차 내비게이션을 부여로 맞췄다. 쉬지 않고 달려가

부소산에 도착하니 늦은 오후다. 어두워지기 전에 낙화암에 다녀올 수 있을까 생각하자 마음이 급해진다. 불안해하며 사방을 둘러보니 거기까지 1.2km라는 안내판이 보인다. 이 정도 거리라면 문제없다. 무거웠던 몸이 가벼워지며 한달음에 그곳을 향해 오른다.

시가지와 연결된 남쪽은 높이가 느리고 순해 산이라는 느낌이 들지 않는다. 그 옛날 백제 때는 아름다운 백마강과 더불어 왕과 귀족들이 즐기던 비원이었다 한다. 그러나 올라갈수록 가팔라져 북쪽 끝은 절벽과 맞닥뜨리고, 그 밑을 강이 해자처럼 흐르고 있다. 백제의 수도 사비를 지키기 위해 산의 정상을 중심으로 빙 둘러 성벽을 쌓고 주위 능선을 따라 외성을 축조했다. 평상시 후원으로 쓰다 유사시엔 도성의 방어 거점이 되고 최후의 보루가 되던 곳이다. 1,300여 년 전 신라와 당나라의 연합군과 마지막 전투를 벌이다 백제가 멸망한 곳도 이곳이다.

산을 오르며 옛 일을 상상해 보니, 오랜 세월 묻혀 있던 것들이 천천히 형체를 드러낸다. 뿌연 흙먼지와 함께 요란한 달음박질 소리가 들린다. 수많은 궁녀들이 엎치락뒤치락 밀려 올라온다. 앞선 얼굴은 큰 결단의 의지로 딱딱하게 굳어 있다. '백마강에서 물거품되어 사라질지언정 적의 노예로 살지는 않으리라.'는 단단한 결심이 하얗게 굳어진 낯에서 고스란히 느껴진다. 뒤따르던 한 나인은 누렇게 뜬 얼굴에 어쩔 수 없는 공포와 고통이 가득찼다. 천지를 울리는 철포 소리가 쉼 없이 들리는데 이 길은 달려도 달려도 끝이 없다. '왜 이래야 할까, 얼마나 더 가야 할까…, 이제는 정말 못 가겠다.' 눈을 꼭 감고 몸을 땅에다 놔 버린다. 따라오던 발들이 몸을 밟는다. 정신이 아득해진다. 한 시녀가 힘이 빠져 비틀거리자 가까이서 뛰던 이가 본능적으로 잡아 준다. 그가 무심결에 손에 힘을 주며 꼭 잡는다. 황망함 속에서 서로의 마음이 오고 간다. '너와 나 잡은 손 저 강에 떨어져서도 놓지 말자. 끝까지 동무되어 같이 가자.' 두 마음이 모이니 다리에 힘이 생긴다. 가파른 내리막길 끝, 까마득한 절벽이 앞에 놓여있다. 치마폭으로 얼굴을 감쌀 틈도 없이 손잡고 검푸른 백마강으로 뛰어내린다.

낙화암에 섰다. 삼천이란 표현을 써야 할 만큼 많은 궁녀들이 꽃 같은 나이에 여기서 떨어졌다. 많은 세월이 흘러도 스러지지 않은 슬픔과 안타까움이 나무, 흙, 바위에 묻어 있다. 위급한 상황 속에서 서로 놓지 않으려 꼭 부여잡은 두 손, 흔들리는 옷자락을 잡으려던 또 하나의 손, 떨리던 그 손들이 선하게 느껴진다. 끝내 자기를 지키려고 또는 두려워서, 모든 것을 포기하고 생의 마지막 길을 달리던 그들이 애달프다.

몸을 돌려 백화정을 향한다. 궁녀들의 넋을 기리기 위해 세운 정자다. 그 밑 바위틈을 뚫고 자란 소나무의 뿌리가 위로 드러난 채 돗자리처럼 얽혀 있다. 술이라도 한 잔 부어 놓으면 그들의 혼령이 위로받을 수 있을까. 정자로 올라가 궁인들의 영혼을 향해 애절한 마음을 보내며 강을 내려다본다. 백마강은 핏빛의 아픔을 숨긴 채 묵묵히 흐르고 있다.

백화정을 내려서자 연리지나무가 보인다. 중도에 쓰러져 비명에 간 이들의 혼일까. 서로 의지해 하나된 모습이 가슴을 찡하게 만든다. 그 너머에 구척은 됨직한 소나무 한 그루가 수십 개의 가지로 뻗어나 있다. 나무는 그때 보았던 것을 말하려는 듯, 가지 끝에 달린 잎을 자잘하게 흔든다.

걸음을 돌렸다. 저 아래 산 입구에서 장구, 가야금 소리와 함께 민요가 잔잔하게 들려온다. 백제 유적지구가 '세계문화유산'에 등재된 것을 알리는 우리 가락 공연이다. 나라가 망하자 수많은 어린 궁녀들이 함께 세상을 버린 것을 모두가 잊지 않고 기려야 하리라.

속절없이 떨어져 간 그들의 영혼을 장구와 가야금 소리를 동반한 민요가 애절하게 어루만지고 있다. 이것으로라도 그들의 영이 위로받을 수 있으면 얼마나 좋으랴. 전국 곳곳의 사람들이 끊임없이 찾아와 기억하고 안타까워하니, 이제 두 손 꼭꼭 쥐고 있던 한을 스르르 놓아버리기 바란다. 가슴 깊이 맺혔던 것을 탁 풀어버리고 좋은 곳으로 훨훨 날아가 편히 잠들기를 기원한다.

애틋한 마음으로 빌며 내려오는 산길, 걸음 소리에 선잠 깬 바람이 나뭇잎 사이로 지나간다.

펄럭이다

제헌절이다. 국기를 꺼내 봉에 묶었다. 베란다로 가서 달려니 방충망이 열리지 않는다. 살살 달래 보아도 움직이지 않아 힘껏 밀었더니 그만 가장자리가 주욱 한 뼘이나 찢어진다. 할 수 없이 국기 달기를 포기했다. 마음먹은 일을 못해, 챙겨 입을 옷 하나를 빠뜨린 듯 종일 허전했다.

2002년 월드컵 때다. 붉은 셔츠와 태극기가 전국을 뒤덮었다. 처음으로 아시아에서 개최한 월드컵이었다. 우리나라는 경기장에서 뛰는 선수 열한 명과 열두 번째 선수인 응원단이 똘똘 뭉쳐 4위라는 이변을 만들어 냈다. 우승 후보국을 연이어 탈락시킨 대한민국은 거침이 없었고, 국기를 흔들며 외친 "대한민국~ 짜자 짜 짠 짠" 구호와 박수 소리는 온 국민을 한 달 동안 열광의 도가니로 몰아넣었다. 나라 전체가 하나되어 하늘 위를 걸었다.

지천명을 바라보는 나이였던 나도 국기를 들고 골목골목을 뛰기도 했다. 터키와 3, 4위전이 열리던 날 서울에 있던 아들까지 내려와 가족 응원차 갔던 광안리 백사장 중계석은 지금도 기억이 생생하다. 국기 망토를 걸친 아이들과 빨간 셔츠를 입은 남편과 나는 화면을 보며 목이 터지게 응원했다. 터키에 져도 기분이 좋았다. 세계 4위가 어디냐. 태극기와 붉은 셔츠가 국민을 하나로 묶었고, 그 힘이 아시아의 작은 나라를 상상도 못할 순위까지 오르게 했다. 월드컵 역사상 우리나라가 거둔 최고의 성적이었다.

그 후 국민들이 태극기를 가까이에 두며 귀하게 여겼지만 세월이 지나면서 차츰 관심에서 멀어졌다. 국경일마다 국기를 게양하는 집이 줄어들더니 요즈음은 쉬는 날로 여겨 나들이를 하면서 더 소홀해지고 있다. 안타깝게 여긴 경기도의 어느 시장이 한강 둔치에 대형 태극기를 내걸고 강변 북로 곳곳에 일 년 내내 국기를 게양했다. 구리시를 태극기의 도시로 선포하고 국기 달기 범시민운동을 벌이기도 했다.

우리 옆 동네도 구청에서 시범 아파트를 정해 놓고 태극기를 나눠 주며 기념일에 달기를 독려했다. 처음엔 베란다 창문마다 국기가 빽빽했으나 한두 해 지나면서 시들해져 갈수록 그 숫자가 줄어든다. 내가 사는 아파트도 국경일에 내다보면 달아 놓은 집이 많지 않은데, 늘 달던 우리 집까지 빠뜨렸으니 오늘은 몇 개나 펄럭일까.

오래전 터키를 여행했다. 아시아의 서쪽 끝 유럽의 동남쪽에 있는 터키는 외세의 침입이 심했던 곳이다. 그곳에서 가장 먼저 눈에 띈 것이 빨간 바탕에 흰 초승달과 별이 있는 터키 국기였다. 부락마다 대형기가 펄럭이고 가정집에도 달았기에 기념일인가 했는데, 그들은 자기 나라의 국기가 자랑스러워 항상 내건다고 했다. 보스포루스 해협을 건널 때 울창한 초록 숲속에서 힘차게 펄럭이던 붉은 기는 매우 인상적이었다. 터키인들은 여기저기서 펄럭이는 국기의 힘을 받아, 이웃 강대국들로부터 나라를 지켰던 게 아닐까 생각되었다.

미국으로 이민 간 어느 가장의 일화도 생각난다. 그곳으로 간지 한 달 쯤 됐을 때였다. 알파벳도 제대로 모르던 어린 딸이 "나는 성조기와 그것이 상징하는 국가에 대한 충성을 맹세합니다."로 시작되는 미국 국기에 대한 맹세를 영어로 중얼거렸다. 아침마다 학교에서 듣다 보니 자기도 모르게 외운 것이다. 다양한 이민자의 나라 미국이 오늘날 초超강대국으로 군림하고 있는 것을 성조기에서 찾아냈다. 미국인들은 자신이 미국인임을 크게 자랑스러워한다. 그래서 그들은 빠르게 하나로 뭉치고 그 힘은 매우 강력하다. 한국에선 젊은이들에게 퇴물 취급받는 '국기에 대한 맹세'를 자유의 나라 미국에서 세뇌 교육 수준으로 주입시키고 있는 게 놀라웠다. 동네 집집마다에 걸려 있는 성조기의 존재가 이해되는 순간이다.

요동치는 국제 정세 속에서 대한민국은 무엇에 중심을 잡고 나라를 다스려 갈까. 반세기 전에는 학교와 관공서마다 커다란 국기가 내걸렸다. 국기 게양식, 하강식이 있어 하루 두 번씩 음악과 함께 국기가 오르내려졌다. 그때마다 우리는 장난치며 걷다가도 부동자세로 서 있었다. 조회나 기념식 때면 자랑스러운 태극기 앞에서 조국의 통일과 번영을 위하여 정의와 진실로써 충성을 다할 것을 다짐하였다.

그렇게 배워 사회로 나가서는 자신보다 나라를 먼저 생각하며 마음을 뭉쳤고 주어진 일도 열심히 했다. 국경일이면 일어나자마자 국기를 손질해서 해를 보며 내달고 저녁노을이 지면 내려서 고이 접어 넣었다. 국기를 통한 애국심이 뭉쳐져 전쟁이 훑고 간 조그마한 나라가 세계에서 유례

없이 빠른 경제 발전을 이루었다.

달지 못한 태극기를 접으며 국기에 대한 맹세를 다시 궁리해본다. 국가가 없으면 자신도 없다는 것을 생각한다. 애국심은 보이지 않는 정신이다. 나라 사랑은 구닥다리 관념이 아니라 번영과 자유의 밑받침이 된다. 그것을 깨닫고 행동하도록 해 주는 것이 각 나라의 국기이다. 국기에 대한 맹세를 의무적으로 외울 필요는 없지만 그 의미만큼은 마음 깊이 새겨 둬야 하겠다.

기상 이변으로 너무 더운 여름이다. 이곳저곳 수소문해 방충망 교체를 부탁해본다. 오는 광복절에는 우리 집 태극기가 넓은 창공에서 시원하게 펄럭이길 기원하면서.

홀로 앉다

초여름의 비가 서성이며 내린다. 문학 기행 팀을 실은 버스는 사람들로 가득했지만 겨우 글 문턱에 들어선 나는 살갑게 생각을 나눌 문우가 없다. 서먹서먹하고 어색해서 내리는 빗물에 몸을 씻는 창밖 가로수만 멍하니 바라본다.

스산한 감정을 귀퉁이에 안은 채 남해 유배문학관에 도착했다. 주뼛거리며 문턱을 넘어 서니, 차갑고 파르스름한 공기가 싸하게 몰려온다. 귀양 선비의 고독지옥孤獨地獄까지 나를 덮칠 것 같다. 조심조심 사방을 살피다 멈칫 제자리에 섰다. 한 대 맞은 것처럼 등골이 오그라들며 머리가 주뼛 선다. 액자 속에 갓을 쓴 채 봇짐을 진 선비가 있다. 그 왼쪽 벽은 전체가 희고, 오른쪽은 모두 새까맣다. 어디에도 의논할 이 없는 홀홀 외로움과 태산 같은 고뇌가 선비의 온몸을 둘러싸고 있다. 황급히 돌아섰다.

서포, 우암, 백운거사…. 여러 선생의 글을 눈을 크게 뜨고 읽어 본다. 모두 외롭다는 글뿐 다른 내용은 마음에 들어오지 않는다. 다음으로 '위리안치' 전시실을 만났다. 가시로 만든 울타리 안에 유배객이 덩그마니 앉아 있다. 왕족이나 고위 관리로 권세를 부리던 이가 죄인이 되어 낯선 곳에 홀로 내쳐진 허무함을 어떻게 채웠을까. 사방에 둘러쳐진 가시덤불에 내 심장까지 오그라든다.

다시 액자 속의 선비 앞에 섰다. 백두대간에 선 유배객의 심정을 흑과 백의 대비를 통해 드러냈다. 생사의 기로다. 생각을 모으니 머리 위에 굵은 동아줄이 보인다. 기약 없는 유배길에서도 더 큰 세상으로 이어지는 끈이다. 가슴 깊이 간직했던 믿음이요 희망이다. 찬찬히 보고 섰으니 선비의 번뇌가 스르르 녹아내린다. 어깨가 둥글어지고 등이 반듯하게 펴지며 허리가 꼿꼿해진다. 마음이 덥혀지자 유배객의 심정을 좀 더 느껴 보고자 카메라 셔터를 눌렀다. 그런데 이게 무슨 일인가. 사진 속에는 선비가 아니라 유리에 반사된 내가 들어 있다. 알 수 없는 어떤 힘이 나를 꼭 집어 들어 귀양 선비와 바꿔 버렸는가. 액자 속에 갇힌 두려움으로 숨이 턱 막히고 가슴이 떨린다. 어떻게 해석할까. 적어도 문인이라면 사물을 본 느낌을 술술 문장으로 표현할 수 있어야 하지 않은가. 그렇지 못한 나는 여기에 오지 못할 사람이었나. 여백만 휑한 빈 종이 같은 기분이 되어 전시관을 따라 죽 걸었다. 문학의 벽이 두려워져 겁을 먹고 구석에 앉았다.

이규보는 그의 시 〈영망〉에서 '세상 사람 모두 나를 잊어버려/ 온 세상에 이 한 몸 고독하다/ 어찌 오직 세상만 나를 잊었겠나/ 형제 역시 나를 잊었다/ 오늘 아내가 나를 잊었으니/ 내일은 내가 나를 잊어야지'라고 했다. 그중 '어찌 오직 세상만 나를 잊었겠나'라는 구절이 마음에 박힌다. 잊혀진다는 것은 관계가 먼 사람뿐만 아니라 사랑하는 사람에게서도 예외가 없다. 선생은 좁은 '나'의 경계에 갇히지 말고 오히려 더 멀리 뭇 사람의 관심 밖에 놓이라 한다. 하여 유배객들은 오지에서의 외로움과 절망, 울분을 넘어선 평정심으로 수많은 대작을 지을 수 있었나 보다. 진정 외로움의 결과이다.

천천히 숨을 내쉬며 감정을 추슬렀다. 자신을 잊어버리면 집착에서 벗어나 온 천지 어느 것과도 관계를 맺을 수가 있다. 〈영망〉을 몇 번이나 되뇌어 가슴속에 새긴다. 화답을 하듯 "빈 마음이 돼라."는 선생의 음성이 들리는 듯하다. 머리를 짓누르던 긴장이 풀리며 외로움으로 굳었던 심장까지 녹는다.

≪남해 문견록≫을 쓴 유의양 선생이 있는 마당 옆 초가집으로 갔다. 조선의 문신이었던 그는 일 년간 이곳에서 귀양살이를 하며 보고 들은 일 들을 글로 썼다. 당시의 남해

풍물을 순한글로 전한 산문체 기행문이었다. 눈길을 따라 가니 우뚝 선 솟대 끝에 선생의 외로움을 달래려는 듯 하얀 낮달이 걸려 있다.

잘 포장된 바깥뜰에 서포 김만중 선생이 평안히 앉아 있다. 뒤에 있는 기다란 연못에서 검푸른 물이 찰랑거린다. 마침 내리쬐는 따스한 오후의 햇살에 그의 얼굴이 더 선명하게 드러났다. 선생은 인자한 눈길로 한참 동안 나를 내려다보셨다. 경험에 귀 기울이고 상상력을 뒤섞어 자신의 글을 쓰라고 이르신다.

감정이 몸에게 말을 건넨다. 힘을 빼고 무의식에게 나를 맡겨 흔들리는 대로 자유롭게 살라 한다. 생활 속에서 일어난 생각이 저절로 흐르게 하라 권한다. 언젠가는 해 보리라 작정한 일들을 하나둘 실천으로 쌓아 가리라. 해석의 폭을 넓히면 글의 길도 평탄하리라 믿어 본다.

들어갈 때와 달리 마음이 한결 편안해 진다. 서포 선생의 표정 따라 움츠렸던 어깨가 천천히 펴진다.

열두 시간

정신이 아롱거리고 온몸이 뒤틀린다. 견디다 못해 접수실로 달려갔다. 얼마나 더 기다려야 되는지 물어보니 알 수가 없단다. 오늘 접수된 사람, 현재 진료를 마친 환자, 앞의 대기자가 몇 명인가 질문해도 모른다. 접수 열두 시간 내에는 진료를 봐줄 테니 기다리라고만 되뇐다.

아버님 기제사에 온 시누이가 허리 통증이 생겼다. 척추 치료 명의가 있다는 B 병원의 진료를 권했다. 다음 날 아침 일찍 병원으로 가자 먼저 온 사람이 서른 명이나 된다. 몇 달 전 같은 병으로 이곳을 찾았던 나는 45번 대기표로 점심 시간 직전에 J 선생의 진료를 받았다. 시누이는 그때보다는 일찍 의사를 볼 것이라고 짐작하며 31번 대기표를 들고 앉았다.

차례가 올까 기다린 지 몇 시간이 지났지만 진료실에서 외래환자를 부르지 않는다.

"언니, 열한 시가 넘었다!"

짜증내며 쳐다보는 시누이에게 미안해하며 몇 번을 다독인다. 왜 여기서 몇 시간 동안 벌을 서야 하는지 모르겠다는 푸념을 들으니 괜히 이 병원을 권했다 싶어 후회된다. 나도 제사 준비와 간밤의 수면 부족으로 쓰러질 지경인데 애쓰고 있건만, 불평이 반복되니 슬며시 화도 난다. 바보 같은 짓을 했다. 시누이 부부에게 이 병원에 척추치료 명의 J 선생이 있다는 말만 해 줄걸, 괜히 오지랖 넓게 따라와서 원망을 듣는다. 지겨워서 아내를 내게 맡겨 둔 채 대기실을 들락거리는 시매부가 들어오면, 그만 집으로 가야겠다.

조금 후 들어온 그의 손에 따끈한 커피가 들려있다. 오랜 시간 참고 기다리는 마누라와 시누이 치료를 위해 애쓰는 처남댁이 고맙단다. 뾰족했던 마음이 담박에 녹아 이왕이면 의사의 진료까지 보고 가야겠다고 다잡아 앉는다.

오후 네 시가 넘어서야 세 개의 진료실에 환자 이름을 다섯씩 써 붙인다. 수도 없이 확인한 끝에 한 시간 반이 지나 시누이와 진료실에 들어갔다. J 선생이 아닌 인턴이 두어 마디 물어보더니 너무 늦어서 MRI를 찍을 수 없다며 CT촬영을 하란다. 그러면 8시쯤 현상된 필름을 명의가 판독해준다고 했다. 환자가 너무 지쳤으니 그 선생의 촉진이나 받겠다고 다그쳤다.

"대기실로 나가 기다리세요."

의사, 간호사가 녹음기 같다. 시누이의 감정이 폭발했다.

"나, 이 병원 진료 안 받아!"

아침 일곱 시에 와서 특진료를 내고 열두 시간이나 기다렸는데 J 선생 대면도 못하고 가서야 되겠냐고, 환자를 잠깐만 봐 달라고 사정해 보았다. 그래도 인턴과 간호사는 기다리라고만 하니 심신이 녹초가 된 우리는 발길을 돌릴 수밖에 없다.

병원이 무엇인가. 관리 시스템을 잘 갖추어, 능력 있는 의사와 간호사가 환자를 정확하게 진단하고 치료하는 곳이다. 우리나라는 세계가 인정하는 IT강국이다. 시스템 관리와 전산 처리에 뛰어난 기술을 가지고 있다. 환자가 많은 종합 병원은 진료 가능한 수의 외래 환자를 접수받고 그 시간을 예측해 줘서 한두 시간이면 치료받을 수 있게 해야 한다. 열두 시간이나 의사를 기다리느라 병이 더 깊어지는 일은 없어야 할 것이다.

오늘 이 병원의 사람들은 본분을 잊어버렸다. 능력 있다고 소문난 의사를 특별한 조건으로 채용하고 방송을 통해 선전했다. TV를 보거나 소문을 듣고 먼 산골이나 섬마을에서 척추 이상으로 고생하던 환자들이 구세주를 만난 듯 진료를 원했다. 예약을 하면 두 달 이상 기다려야 하니 어쩔 수 없이 잠도 못 자고 와서 접수한다. 환자를 분류해 진료 시간을 알려줘서, 대기 시간을 줄여주면 얼마나 좋을까. 무작정 기다리게 하면서 오는 환자는 전부 받는다. 대기실 좌석 수가 모자라니 일어나 몸을 풀 수도 없고, 진료실에서 부를까 봐 화장실 다녀오기도 불안하다. 그러니 건강하던 사람도 이곳에 오면 병이 생기겠다. 병원이 하는 일이 환자를 고치는 일인가, 돈을 버는 일인가.

미안해서 시누이 부부 볼 낯이 없다. 아침 일곱 시에 들어와 그 유명한 의사의 얼굴을 한 번도 못 보고 열두 시간 동안 벽에 걸린 그의 사진만 뚫어지게 바라보았다. 특진료만으로도 모자라 병원을 나오며 덤으로 주차료까지 듬뿍 얹어 주었다.

집으로 돌아와 쓰러지듯 몸을 눕힌다. 새로운 허리 병이 생긴 극한의 열두 시간이었다.

하, 하, 하

바쁘다. 숙련된 주부들의 김치 버무리는 속도가 빠르다. 분주히 손을 움직여 보지만 양념을 뒤집어쓴 배추 포기들이 자꾸만 내 앞에 쌓인다. 마치 '뭐 하냐?' 하며 쳐다보는 것 같다. 날렵하지 못한 내가 주부 9단 고수들이 잽싸게 버무려 주는 것을 마무리하여 통에 넣자니 숨 쉴 틈이 없다. '휴-!' 소리가 저절로 나온다.

김장철을 맞아 김치를 어떻게 담가야 맛이 있을까 생각하였다. 편하게 골목 시장 채소 가게에 배추를 절여 달랄까.

싱싱한 것을 쓸 수 있게 해남 농가에다 절임 배추를 주문할까. 이런저런 궁리를 하던 중 경주 막내 고모가 생각났다. 작년 여름에 가서 먹어 본 김치가 특별히 맛이 있었다. 목장 퇴비를 뿌려 키운 배추라 아삭하고 달았다. 고모에게 올해 김장할 때 우리 것도 같이할 수 있을까 물어보니 흔쾌히 승낙했다. 덤으로 동생네 것도 해 주잔다.

남편은 주문 배추로 집에서 하면 될 걸 괜히 번거롭게 군다고 나무랐다. 하지만 시골집 마당에서 고모랑 사촌들과 왁자지껄 김치 담글 생각에 개의치 않았다. 밤새 엎치락뒤치락 잠을 설친 후, 아침 일찍 전날 사 둔 돼지고기와 게장을 들고 경주로 내달렸다.

고모집에 도착하니 마당 한가운데는 절임 배추가 수북하게 쌓여 있었다. 사촌 동생이 시가에 상을 당해 못 온다니 김장 버무릴 사람이 나랑 고모밖에 없다. 편한 옷으로 갈아입고 팔을 걷어붙여 보지만 겁부터 났다. 다행히 일손이 모자란다는 말을 들은 이웃 아주머니 두 분이 오셨다. 일을 배분했다. 며칠 전부터 배추 절이고 양념 만드느라 고생한 고모는 관리를 맡고 막내 동생은 심부름, 이웃 아주머니와 나는 김장 버무리기에 착수했다. 아주머니들이 배추에 양념을 발라 주면 무채, 미나리, 토막 갈치를 모아 싸서 김치통에 넣는 게 내가 맡은 소임이다. 큰 배추 백여 포기를 갈무리하자니 일이 해도 해도 끝없다. 팔과 허리가 끊어질 듯 아팠지만, 도와주러 온 아주머니들 앞이라 내색할 수도 없다. 내년에는 집에서 혼자 해야겠다며 남몰래 한숨만 내쉬었다.

목장에 나갔던 고모부와 사촌이 돌아오자 푸짐한 점심상이 차려졌다. 윤기 흐르는 찰밥에 갓 버무린 김치, 훈김이 올라오는 구수한 돼지수육, 달콤한 게장…, 직접 짜온 싱싱한 우유까지 커다란 상 두 개가 가득 찼다. 포기째 상에 오른 김치를 손으로 죽 찢어 입에 넣는다. 매운 맛이 머리를 찌르기에 돼지 수육을 한입 베어 물었다. 각각의 맛을 내는 반찬이 입안 가득 펼쳐져 혀가 즐겁다. 여럿이 둘러앉아 밥

먹으랴, 얘기하랴, 웃으랴 떠들썩하다. 신이 나서 허리 아픈 것도 잊어버렸다. 그래, 이게 까마득히 어릴 적 김장 날의 모습이다.

아버지가 칠 남매의 장남인 우리 집은 식구가 많았다. 초등학교 취학 전에는 할머니, 총각인 삼촌들과 어린 고모까지 열 명이 넘었다. 겨울 찬거리가 별로 없던 시절이라 추워지면 김장을 많이 했다. 그날은 동네 아지매들까지 거들러 와서 넓은 마당이 가득 찼다. 어른들은 볼과 손이 발개지도록 정신없이 바빴지만 우리는 좋아서 이리저리 뛰어다녔다. 숙모가 마당 한켠의 디딜방아에서 찰떡을 만들고 있었기 때문이다. 점심상이 차려지고 새빨간 김치와 파란 콩고물떡이 올라오면 매워서 호호거리며 먹었다. 엄마가 담근 막걸리도 잘 익어 어른들은 서로 잔을 주고받았다.

일을 마치고 뒷정리를 한 후 허리를 폈다. 고모와 방으로 들어가 아랫목에 나란히 누웠다. 내 머리를 뒤로 쓸어 넘겨주는 고모의 손을 슬며시 잡았다. 농사일을 많이 한 손바닥이 거칠다. 두 손으로 한참 쓰다듬자 온기가 돌며 부드러워진다.

고모와는 나이 차이가 얼마 안 돼 함께 엮은 추억이 많다. 할머니와 엄마를 기억에서 불러온다. 나는 고집쟁이 오빠가 일곱 살 때 태어났다. 엄마를 독차지할 수 없어 젖을 떼자마자 할아버지 할머니 방으로 내밀렸다. 두 분은 오랜만에 본 손녀가 귀한 데다 엄마 품을 일찍 뺏긴 게 안쓰러워 고모 자리에 나를 눕히고 번갈아가며 안아 주었다.

아홉 살이던 고모는 하루아침에 엄마 품을 빼앗기자 샘을 내고 빼쭉거렸지만 그것도 잠시, 내가 걷기 시작하자 놀러 갈 때마다 데리고 다녔다. 나는 매달리듯 양손을 잡힌 채 "아이고, 자야!" 하는 그들의 말을 흉내 내어 "아이꾸 짜야야~!" 하며 흔들렸다. 모두가 왁자하게 웃던 그때의 모습이 눈에 선하게 떠오른다.

고모는 엄마처럼 김장김치, 찰흑미, 배추, 무 등을 트렁크에 가득 실어 준다. 남은 양념도 주시니, 무김치를 담고도 찌개 양념으로 넉넉하겠다. 된장까지 한 통 들고나오기에 우리 집 된장도 있다고 했지만, 고모 된장 맛도 한번 보라신다. 고모의 마음 보따리를 잔뜩 싣고 돌아오니 부자가 된 듯하다.

그동안 내뱉었던 날숨들이 모여 냉장고 속을 가득 채웠다. 얼마 동안 반찬 걱정은 하지 않아도 되겠다. 이제야 힘든 순간은 다 잊어버리고 흡족한 웃음이 나온다.

"하, 하, 하"

위대한 이름

멋진 청년 앞에 부부가 섰다.

"잘 자란 네가 자랑스럽구나. 인생의 2막 출발에 축복을 보낸다. 넌 우리 삶에 찾아온 순간부터 완벽한 아들이었어. 이제 계획했던 꿈을 모두 이루렴."

아들을 껴안는 어머니의 얼굴이 화사하게 빛난다.

영화 〈라이언〉은 인도 사회의 가슴 아픈 현실을 배경으로 한다. 꼬마 '사루'는 어느 역에서 형을 찾다 갑자기 떠나는 기차에 얹혀 캘커타까지 사흘이나 떠밀려 갔다. 다섯 살

꼬마가 만난 도시는 무법천지였지만, 다행히 고아원에 입소했고 운 좋게 호주로 입양되었다. 호주의 어머니는 사루를 따뜻이 껴안으며 말했다.

"환영한다 얘야. 얼마나 힘들었니? 언젠가 마음이 안정되면 네가 누군지 전부 말해주렴. 난 너의 기억까지 입양했으니 다 들어줄게."

양부모의 사랑을 듬뿍 받은 그는 인도의 기억을 잊고 잘 자라서 '멜버른대학'으로 공부하러 가는 길이다.

토론 수업 중 기억의 밑바닥에 저장되어 있던 꽃 '젤라비'를 만났다. 그것이 만발해 있던 들판이 떠오르며 고향과 가족이 마음속에 되살아났다. 힘든 막노동을 하던 엄마와 형, 여동생이 눈에 선하다. 그들을 찾고 싶지만 자신을 지극한 사랑으로 키워 준 호주 어머니를 생각하니 용기가 나지 않는다. 모든 걸 잊고 공부에만 집중하려 해도 고향은 머릿속 깊이 들어와 아무것도 할 수 없게 만든다.

그의 방황 소식에 걱정하다 앓아누운 양모를 찾아간 사

루는 자신을 키우게 된 사연을 듣는다. 알코올 중독자인 아버지 때문에 불행했던 그녀는 죽을 결심을 했다. 그때 홀연히 아시아 빈국의 아이들이 의식 속에 떠오르기에 그들을 돌보는 게 자신의 삶을 의미 있게 해 줄 것 같았다. 결혼해도 자식을 낳지 않고 부모 잃은 아이를 데려다 키울 생각으로 뜻이 같은 청년과 결혼했다. 덕분에 멋진 아들 사루를 얻었다며, 너를 키우며 말할 수 없이 행복했다고 한다. 잘 자란 너를 생모도 봐야 하니 꼭 찾으라고 응원까지 해준다.

힘을 낸 사루가 희미해진 기억을 더듬어 아득한 인도로 갔다. 밤낮 가족을 찾으려고 매달리자 꿈에 엄마와 형과 기차가 보이며 노랑나비가 그를 인도했다. 구글어스를 통해 이십년 전의 기차 속도로 캘커타에서 이삼일간 달려 도착할 수 있는 도시를 알아냈다. 집요하게 기억을 조합해 옛집을 찾았다.

어머니는 동네를 뜨지 않고 사루를 기다리고 있었다. 이십여 년 만에 만나 반가움으로 끌어안은 가족들은 보는 내

가슴까지 벅차게 했다. 형은 그와 헤어지던 날 기차 사고로 세상을 떠났다 한다. 꿈에서 사루를 인도하던 노랑나비가 형의 영혼인 셈이다.

호주 어머니는 인도의 가족을 찾은 것을 알고 크게 축하하며, 인도 어머니와 만나 감사의 포옹을 하는 것으로 영화가 끝난다.

어머니는 누구인가, 우리에게 어떤 존재인가.

혼자 자식을 키우며 시부모와 함께 사는 이가 있었다. 결혼해서 딸을 둘이나 낳고 살던 남편이 당신 아버지와 마음이 맞지 않는다며 집을 나가버렸기 때문이다. 남편이 가출해 버린 시집살이, 상상도 할 수 없는 일이지만 그녀에게는 자식이 있었다. 가장이 되어 낮에는 들에 나가 일하고 해가 지면 돌아와 밥하고 빨래하며 애들을 키웠다. 명절 때에야 들르는 남편이 꼴도 보기 싫었지만, 운명이란 생각으로 견뎌야 했다. 절대 집을 떠나는 법이 없는 달팽이처럼 자식을 집 같이 짊어지고 살았다. 몇 년 후 아들을 얻었다. 온 마음으로 정성을 쏟아 키웠더니 흐트러짐 없이 자라 억울한 사람을 돕는 변호사가 되었다.

칠 남매 중 딸이 넷인 우리 자매는 키가 큰 편인데 넷째는 몸이 왜소했다. 매사 언니들이 적극적으로 움직이니 무슨 일이든 먼저 하지 않고 따라하게 되었다. 그런 점을 걱정하던 어머니는 막내의 초등학교 운동회 때 달리기 시합을 앞둔 그에게 갔다.

"선생님이 출발 총을 들고 하나, 둘 하면 바로 뛰어라." 고 말해줬다. '땅' 하는 총소리와 함께 출발한 막내는 그 시합에서 일등을 했다. 출발선에 설 때마다 엄마의 말을 생각하고 그대로 했더니 선생님으로부터 출발 반응이 좋다는 소리를 들었고, 어른이 되어서도 매사에 준비된 사람으로 허둥대지 않고 일처리를 할 수 있었다.

어머니는 잘 놓여 있는 눈에 익은 물건을 비추는 불빛이기도 했다. 어린 시절 벽 어디에서나 뒷마당 모퉁이에서 무슨 소리가 나면 엄마는 귀를 기울이고 들었다. 조금 후 불안해하며 당신 얼굴을 살피면 빙긋 웃었다. 별일 아니라는 것이었다. 나는 그제야 마음 놓고 동무들과 소꿉놀이를 계속할 수 있었다.

집을 떠나 부산서 직장 생활을 할 때 주말에 아무리 서둘러도 경주역에 도착하면 사방이 깜깜한 밤이었다. 우리 동네까지 가는 버스가 없어 불국사행 시내버스를 타고가다 박물관 앞에서 내려 허허벌판을 반 시간이나 걸어야 한다. '무서워서 어떻게 가나…' 차를 타고 가면서도 마음을 졸였다. 버스가 정차하고 조심스레 땅을 밟는데 저 앞에 한 사람이 서 있었다. 누굴까 눈을 크게 뜨면 "야야, 인자 오나?" 말하는 건 어머니였다. 반가움으로 뛰어가는 가슴이 뜨거웠다. 내가 올 것 같아서 엄마는 한 시간 전부터 나와 기다렸다고 했다.

사회의 권세 중에서 어떤 것보다 큰 것이 어머니의 힘이다. 항상 자식을 위해 파수꾼이 되어주는 분이다. 자식 앞에 나타날 수 있는 모든 무서운 것들보다 앞질러 와서 그것을 막아 준다. 그래서 어머니라는 이름은 세상에서 가장 위대하다.

어느 갈망

문이 열렸다. 주인집 아줌마가 이것저것 뒤적인다. 이번엔 선택받을까 싶어 눈을 크게 뜨고 귀를 바짝 세운다. 하지만 손은 내가 있는 곳까지 오지 않고 저 위의 시래기 봉지를 집어 나간다. 문이 탁 닫히고 또 암흑이다. 냉장고에 갇힌 신세가 아득하기만 하다.

작년 여름 내가 살던 어물전 대문 앞에 낯선 차가 멈추더니 중년 부인 여럿이 들어왔다. 그들이 좋은 물건 있느냐고 묻자 가게 주인 할머니가 며칠 전에 최상품이 들어왔다며 반가워했다. 서울, 대구, 부산서 온 그녀들은 우리 모두를 사서 나누어 가졌다. 그때 선택된 나는 몇몇 동무와 함께 부산 민락동의 어느 집으로 왔다.

저녁 시간 남편의 퇴근을 기다리는 그녀가 레시피까지 들여다보며 양념장을 만들었다. 절인 양파 한 접시와 아삭한 생오이, 매운 땡초도 쟁반에 소담스레 담았다. 남편이 집에 오자 동무들을 팬에 노릇하게 구워 익힌 마늘과 함께 식탁에 올린다. "바닷장어예요. 멀리서 온 친구들하고 연화리에 갔다가 샀어요. 막 잡은 것을 다듬어 말렸대요."라며 고소하고 달면서 영양도 많아 보양식으로 그만이라고 권한다. 아저씨는 바로 옆 공판장이나 씨랜드에 가면 싱싱한 바닷장어가 많은데 왜 말린 걸 사 왔냐고 나무랐다. 이것도 잡은 지 얼마 안 된 거라 신선하고, 덕장에서 잘 말라 더 맛있다고 부추겼지만 그는 구미에 맞지 않는지 슬쩍 밀어버린다.

우리는 배에서 내리자마자 손질되어 깨끗한 바닷바람과

햇살에 꾸둑꾸둑 말려졌다. 마침맞게 건조되어 씹을수록 쫀득하고 맛나며 생물 장어에 없는 영양도 늘었다. 잘 알지도 못하면서 먹지 않는 남편에게 속이 상한 아줌마는 혼자서 남편 몫까지 한 쟁반을 다 먹어치웠다. 그리고 미처 굽지 않은 우리를 돌돌 말아 냉동실 바닥에 넣어 버렸다.

문이 열릴 때마다 나를 다시 내가려나 기대를 해 보지만 번번이 차례가 오지 않았다. 그런데도 그녀는 가끔씩 새로운 봉지까지 넣는다. 큰 시장이라도 갔다 온 날은 몇 개씩이나 들어온다. 어쩌란 말이냐. 신문지에 야무지게 싸여 비닐 봉지까지 덮어쓴 우리는 숨이 콱콱 막힌다. 그때그때 필요한 것을 사면 될 텐데 좋은 재료만 보면 욕심을 내는 아줌마 때문에 말할 수 없이 답답하다.

이럴 바에는 왜 우리를 잡았는가. 넓고 시원한 바다에서 자유로이 사는데 뭐하러 그물로 끌어모았을까. 또 샀으면 맛있게 요리해 먹을 것이지 어두운 냉동고 속에 던져 놓고 거들떠보지도 않다니. 모든 것은 제자리에 있을 때에야 진가를 드러낸다. 나는 여기에 있을 게 아니라 잘 요리되어 식탁 위에 올려져야 한다. 사람들의 입맛을 돋우고, 그 힘으로 세상을 헤쳐나가도록 만드는 것이 나의 임무인데, 얼음 칸에 기약 없이 갇혀 버린 신세가 처량하다.

요즘 사람들은 남녀 차별이 없어서 아들도 딸도 개성을 존중하며 자유롭게 키운다. 남자든 여자든 구별 없이 늦은 밤거리를 활보하며 살아간다. 하지만 옛날에는 여자들의 밤 외출이 흔하지 않았다. 처녀들은 살림살이를 배우느라 집안에서만 생활하지 낮에도 울타리 밖으로 나가기가 어려웠다.

우리 아줌마만 해도 밤에는 대문 밖으로 나갈 수 없었다. '여자는 어두운 밤하늘을 보면 안 된다'는 아버지의 엄포 때문에 긴긴 겨울밤 동네 친구들이 모여 노는데도 가지 못했다. 그때 나가고 싶어 얼마나 애를 태웠나. 때때로 아랫방 창호지 문에 끼워진 손바닥 유리에 눈을 갖다 대고 침을 꼴깍 삼키며 큰 채 아버지 방의 동정을 살폈다. 조용해서 문을 살짝 열고 사립짝께로 살금살금 나가면 어김없이 "어흠!" 기침 소리가 났다. 할 수 없이 옆의 변소로 들어가 애꿎은 소변을 누고 들어왔던 그녀다. 아쉬움을 달래려고 마을문고에서 빌려 온 소설책을 폈지만 머리에 들어오지 않았을 테다. 보다 못한 할머니가 옛날이야기를 한 자락 펴 줘도 싫다고 했는데 그때의 갑갑했던 마음을 잊어버린 건가. 왜 우리를 이렇게 가두어만 두는가.

애가 타던 중 드디어 냉동실 문이 열리더니 아줌마가 제일 밑에 있는 날 덥석 잡아 꺼내 준다. 시원하다. 오랜만에 환한 빛을 보니 갑갑하던 속이 확 풀린다. 그런데 어쩐 일일까. 옆 식탁에 오늘 아침 그녀가 읽던 신문이 놓여있다. 기사 중에 '냉장고가 답답해'라는 소제목이 보인다. 내용인 즉 주부들이 냉장고 속에 반찬거리가 있는 데도 시장에만 가면 새로운 것을 사 넣는다고 한다. 오죽하면 신문 기사까지 났겠는가. 사실은 냉장고 보다 그 속에 들어 있는 우리가 더 답답하다. 어쨌거나 신문 덕에 갑갑한 곳에서 나올 수 있었으니 그 글을 쓴 기자 양반이 고맙다.

아주머니가 열 오른 팬에 우리를 올린다. 불의 세기를 조절하며 천천히 신중하게 굽는다. 한 점을 꺼내 양념장에 찍어 먹더니 입맛을 다시며 흡족해 한다. 프라이팬에 가득 올려 허브 솔트까지 쏠쏠 뿌려 가며 노릇하게 익힌다. 깐 마늘도 빈자리에 얹는다.

남편이 들어오자 근사한 상을 차렸다. 겉은 바삭하고 속은 촉촉이 구워진 빛나는 바닷장어다. 살짝 볶은 양파, 맵싸한 땡초와 싱싱한 상추, 깻잎도 어느 틈에 챙겼는지 나왔다. 식탁에 앉아 한 젓가락 먹어 본 아저씨가 "고소한 게 맛이 괜찮네~." 한다. 아줌마도 기분 좋게 젓가락을 들었다.

됐다. 이제 내 소임은 끝났다.

| 작품 해설 |

〈옻별〉과 대화하기

— 강화자의 감성과 수필언어의 교감

박양근(문학평론가, 부경대 명예교수)

세상에는 많은 길이 있다. 살아가는 길, 생각하는 길, 행하는 길이 있다. 작가는 또 하나의 길을 만들어 간다. 그것이 글이다. 글의 길에는 살고 생각하고 행하는 모든 것이 포함된다. 작가가 만드는 글에는 거칠고 껄끄럽게 여겨지는 길이 있는가 하면 누구나 걷고 싶은 편안하고 부드러운 길이 놓이기도 한다. 길이 사람이고 사람이 길이기 때문이다.

강화자 수필가가 상재한 첫 수필집 ≪옻별≫은 작가의 인품과 문학이 얼마나 긴밀한가를 말하고 있다. 그녀의 수필을 대할 때 받는 첫 인상은 온유하고 여유롭다. 줄여 말하면 '유幼'하다. 6월 논물처럼 따듯하고 7월 들바람만큼 푸근하다. 산매화 꽃잎이 뺨을 스치는 느낌이랄까. 산골 시냇물이 손끝을 지나갈 때의 간질거림이랄까. 실제 강화자와 사귀는 지인들은 누구나 그녀가 지닌 친화성에 편안함을 느낀다. 당연히 그녀의 수필도 그러하다.

강화자의 수필이 지닌 유함은 삶에 뿌리를 둔다. 경주 산골로 입향한 집안의 후예로서 엄격한 아버지 슬하에서 자랐다. 고향에 대한 애착과 일가친척에 대한 관심은 장손의 자세를 연상시켜준다. 그녀로 하여금 온순한 인생관을 갖도록 해준 것은 40여 년 전 교통사고를 당하여 보름 동안 의식이 없었던 위기이다. 부모의 간절한 간호와 기도 덕분에 회생한 그녀는 "평생 동안 욕심 부리며 살지 않겠다."는 서원을 갖는다. 그 변화를 보여주는 말이 "괜찮다"와 "하다

보니"이다. "괜찮다"는 자신의 욕심을 버리고 상대를 배려하겠다는 마음의 표현이다. 이러한 그녀의 인품은 〈괜찮다〉, 〈그래도〉, 〈하, 하, 하〉라는 작품의 근원이 된다.

강화자의 문학적 길은 자성과 성찰을 바탕으로 한다. 그녀는 글의 세계는 욕심을 허락하지 않는다는 사실을 잘 안다. 이런 심경을 밝힌 〈하다 보니〉는 작가의 수필적 삶을 밝혀주는 대표작이다. "하다 보니"는 무심으로 최선을 다하는 작가의 자아를 지칭하는 언표가 되었다. 그녀는 글을 쓰다 보니 ≪수필과비평≫지에서 등단하고 작품상도 받고 마침내 ≪옻별≫을 상재하게 되었다.

강화자에게 "괜찮다"와 "하다 보니"라는 말은 성실한 문인의 삶을 밝혀주는 등불이다. 이 담론은 순리와 여유를 추구하는 작가의 인생론을 종합해서 나타내 주고 작품집의 가독성을 참으로 진지하고 넓게 만들어 준다. 잘 구운 도자기에 맑은 내용물을 담은 영혼의 작품집이랄까. 이처럼 ≪옻별≫은 작가의 문학적 인식과 서정의 세계를 별꽃처럼 담아낸 마음의 정원이라고 하겠다.

1. 자전과 작가의 인간애

인간의 생명과 삶은 두 집에서 시작한다. 어머니가 육체적 근원이라면 아버지는 성품의 근원이다. 육체는 어머니의 몸을 집으로 삼고 정신은 아버지의 인품을 집으로 여긴다. 부모가 어떻게 살고 어떤 가족적 위상을 가지는가에 따라 자식은 각기 다른 정서적, 심리적 자질을 물려받는다. 이러한 관계는 여성작가에게 있어 뚜렷하고 집안의 종부이거나 종부와 같은 위치를 지닌다면 그 관계는 더욱 불가피해진다. 이 점이 강화자의 삶과 수필을 이해하는 첫 단초라 하겠다.

강화자는 차종손 아버지 밑에서 어린 시절부터 집안 대소사를 일찍이 학습한 셈이다. 사람은 자신의 신분에 의하여 신원이 결정된다. 사회와 공동체의 영향을 받는 존재적 자아가 되는 것이다. 칠남매의 장녀라는 환경은 〈위대한 이름〉의 소유자인 어머니에 대하여 각별한 관심을 기울이도록 한다. 여성은 어머니의 강으로 모이는 숱한 지류 중의 하나이다. 여성의 몸에는 어머니라는 유전자가 강이 되어 흐른다. 그들은 자식을 낳고 남성 중심의 가문에 자신을 의탁한다.

그 여성 중의 한 명이 작가의 어머니이다. 어머니는 종부로서 집안의 온갖 궂은일을 도맡았다. 어머니가 전지전능하게 보인다. 자식을 지키고 집안 살림을 지키고 가문의 제사를 처리했다. 오직 묵묵하게.

> 사회의 권세 중에서 어떤 것보다 큰 것이 어머니 힘이다. 항상 자식을 위해 파수꾼이 되어주는 분이다. 자식 앞에 나타날 수 있는 모든 무서운 것들보다 앞질러 와서 그것을 막아준다. 그래서 어머니라는 이름은 세상에서 가장 위대하다.
>
> —〈위대한 이름〉 일부

강화자가 어머니를 기억하는 소재는 치자꽃과 한복 저고리에 달린 동정이다. 치자꽃은 “엄마 냄새”를, 동정은 ‘엄마 솜씨’를 각각 전달한다. 전자가 어머니를 추억하는 문학적 화소라면 후자는 어머니의 정갈한 삶을 상징하는 생활매체이다. 작가는 어머니에 대한 글을 쓸 때 자연스럽게 어머니라는 존재를 의식 안으로 맞아드린다. 치자꽃과 동정을 그리움의 기호로 간주한다. 이것들은 여성이 지닌 정숙함과 순수한 자태를 넉넉하게 구현해준다. 그래서 〈치자꽃에 얼굴을 묻고〉가 개인의 사모곡이라면 〈위대한 이름〉은 세상 어머니에게 바치는 헌사가 된다.

가족에 대한 작가의 애정은 각별하다. 부모, 부부, 자매, 자식이라는 언어에 남다른 관심을 기울인다. 이것은 그녀의 수필이 일상적이고 평이하다는 의미가 아니다. 오히려 개인의 생활반경을 초월하여 인간은 서로 어떤 관계를 맺어가야 하는가를 예시하는 소재로서 소중한 가치를 지닌다.

그 점을 밝혀주는 대표작이 〈아버지의 등〉이다. 맏딸로서 작가는 집안 대소사와 문중 일에 남다른 애향심을 발휘한다. 선친의 훤칠한 신체와 호랑이 같은 성품을 묘사할 때는 선친이 수행했던 종손의 역할을 강조한다. 이런 자세는 아들이 아버지에 대하여 갖는 존경심과 비슷하다. “내가 어려운 시집살이를 견디고 고집 센 남편과 충돌 없이 잘 사는 것도 아버지의 가르침을 받았”기 때문이라고 여기고 “고집과 뚝심이 없었다면 어찌 집안 대소사를 처리하고 수십 명의 대식구를 거느릴 수 있을까”라는 경이감과 어울려 부친에 대한 깊은 애정을 살뜰하게 드러낸다.

이 애정은 고스란히 인간에 대한 연민으로 확대된다. 연민이란 이기심을 버리고 자신의 주변을 너그럽게 바라보는 마음이 아닌가. 그녀의 여유로운 배려는 〈휘게Hygge〉에서 집중적으로 살필 수 있다. ‘휘게’는 덴마크어로서 안락하고 소소한 행복을 뜻한다.

이런 사람이 많아서일까, 휘게라는 생활방식이 관심을 받고 있다. 휘게는 덴마크어로 안락함을 뜻하며 소소한 행복을 말한다. 사람들과 어울리거나 혼자서 순간의 편안함을 만끽하는 것이다. 이야기를 나누거나 밥을 먹으며 영화를 보고, 차를 마시며 창밖을 내다보다 서로를 챙기는 것도 아늑한 삶이다.

—〈휘게〉 일부

작가는 이어서 삶이 녹록치 않지만 거창한 것도 아니라고 말한다. 만사를 낙천적으로 여기면 타인의 존재성이 확인되고, 멀리서 바라보면 "수고합니다, 감사합니다."라는 말을 자연스럽게 할 수 있다. 이러한 배려는 어린 시절부터 함께 살아왔던 자매, 다른 집안에서 맞아들인 며느리, 고향 초등학교 졸업생, 멀리서 찾아온 친구, 아파트 경비원에게까지 고르게 전파된다.

〈함께 걷다〉는 며느리가 분가하는 날의 심경을 전달한

다. 시어머니와 며느리는 아들인 남편을 가운데 둔 경쟁관계라고 흔히 말하지만 강화자는 며느리를 한 가족으로 받아들인다. 결혼을 "양쪽 가족의 사돈 관계"라고 여기고 상대측의 입장에서 생각하는 배려와 이해를 중시한다. 그녀는 며느리가 시가에 적응하는 과정을 지켜보면서 기다림과 여유의 소중함을 배운다. 누구든 처음에는 서툴기 마련이지만 시간이 지나면 몸과 마음이 익숙해진다. 작가는 이러한 생활의 적응을 발효와 숙성과정에 비유한다.

> 된장과 차의 맛을 내는 것도 이렇게 복잡하고 어려운데, 몇십 년 다르게 살아오던 사람이 한식구가 되는 게 어찌 쉬울까. 이 집, 저 집 놓여진 상황에 따라 다양한 사정이 드러난다. 그에 맞게 이해하고 배려하는 마음이 숙성되어야 화목한 가족이 될 것이다. 새아기가 서울에서 살면서 자주 부산 집에 내려오는 것도 결혼 초 두 달의 생활에서 서로 다른 점을 비슷하게 발효시킨 덕일 것이다.
>
> —〈함께 걷다〉 일부

식품이 발효되려면 시간 외에도 나름의 노력이 필요하다. 작품에 투영된 강화자의 삶을 지켜보면 곳곳에서 발효와 같은 노력이 엿보인다. 자신이 디스크 수술을 받았던 만큼 막내 동생이 동일한 수술을 하게 되었을 때 경험하는 자매애는 남다르다. 〈박하사탕〉은 막내 여동생에게 기울인 병간호와 어린 시절 함께 사탕을 나누어 먹었던 추억을 연결시켜 다정다감한 혈육애를 강조한다. 고향에 대한 향토애와 동심으로 회귀한 우애는 〈운동회〉에 나타난다. "화랑의 자손"이라는 긍지를 가진 69동기생들의 운동회 종목이 달라졌다 하더라도, 그들의 우정과 고향 사랑은 변하지 않는다. 입향조 묘소의 벌초를 다룬 〈길을 내다〉와 시골 두레 풍경을 소개한 〈솔 안〉의 서정미가 서로 연결된다는 점도 그녀의 뿌리 의식이 얼마나 탄탄한가를 보여준다.

도시 생활에서의 따뜻한 심성을 펼쳐낸 작품에 〈하루를 시작하는 힘〉이 있다. 아파트 주민과 경비원 간의 관계는 갖가지 분쟁을 일으킬 수 있다. 그런데 강화자는 경비원과 입주민을 공존의 대상으로 설명한다. 아파트를 나설 때마다 먼저 고개를 숙여 인사하고 그들의 수고에 대하여 깍듯한 대접을 잊지 않는다는 줄거리는 서로를 챙겨주는 '휘게'의 실천적 풍경이라 할 만하다. 공존이라는 삶의 방식은 너무나 간단하다. 이것을 작가는 '적선지자 필유여경積善之者必有餘慶'이라는 문구로 구체화한다.

인격적 대우를 바탕으로 각자의 역할을 수행할 때 인간애로 이루어진 주거 공동체는 가정, 가문, 직장, 사회, 국가로 확장되어 간다. 이렇듯 강화자가 작품을 통해 추구하는 생활 유토피아는 모두가 소망하는 공동체이다. 이것을 실현하기 위해 작가는 집안에서는 주부의 역할을 아끼지 않고 사회에 나가서는 봉사와 배려의 태도를 변함없이 유지한다.

2. 형상과 관계에 대한 사유

강화자의 성찰은 사물과 작가 간에 형성되는 관계에서

시작한다. 그녀는 사물을 독립적인 개체가 아니라 인간이 살아가는데 어떤 의미를 갖는가에 집중한다. 성찰이란 반성적 자세로 사물을 관찰하는 것이다. 그녀가 보고 듣고 느끼는 물상은 이 성찰을 통해 존재성을 획득한다. 더욱이 강화자는 값비싸거나 으리으리한 것보다는 외면 받고 보잘것 없는 사물에 주목한다.

이러한 이해를 보여주는 첫 작품이 〈폐지 부처님〉이다. 불심이 깊은 그녀는 청동 부처나 금박 불상이 아니라 "가장 낮고 못나고 버려진" 폐지 부처가 진실로 존귀한 경배의 대상임을 알아차린다. 108명의 노인이 주워 모은 폐지로 만들어 가야산 육각정에 안치한 불상을 가장 자애로운 스승으로 묘사하는 것이다.

> 매점불은 길옆에 자리하고 있다. 일주문도 사천왕도 없고 주지스님은 더더욱 없다. 누구의 눈치를 볼 필요 없이 언제든지 쉽게 들를 수 있다. 가게로 쓰다 버린 육각정이니 세상에

서 가장 값싸게 지은 사찰이겠다. 소원함에는 시줏돈이 아니라 눈물이 쿨렁쿨렁 흐를 애틋한 사연이 가득할 것이다. 매점 불님은 시주 걱정은 말라며 손사래를 치느라 한쪽 팔을 조금 치켜들었다. 그 몸짓이 무엇보다 큰 위로와 용기를 준다.

-〈폐지 부처님〉 일부

매점불은 우리에게 삶을 이겨내라는 용기를 준다. 이러한 해석은 작가 자신과 대상과의 관계를 더욱 유연하게 만든다. 불상은 어느덧 50여 년 전 가난한 살림을 이끌기 위해 5일장에서 채소를 팔던 어머니로 바뀐다. 나아가 아파트 경비원의 얼굴에서 폐지 부처님과 같은 이미지를 찾아내기도 한다. 인간과 사물간의 관계를 찾아내는 시선 주기는 주변 사람들을 항상 자애롭게 바라볼 수 있는 정신적 여유를 낳는다.

흙에 대한 관심도 남다르다. 흙은 모든 생명의 근원이자 귀결점이다. 인간은 흙으로부터 태어나 흙으로 돌아간다.

고향 마을과 시골집도 흙 속에 포함된다. 시골에서 성장한 작가는 흙은 삶을 받쳐주는 정신적 원소로서 인간이 본받아야 할 미덕을 지니고 있다고 여긴다.

> 흙이 무엇인가. 어느 것도 편애하지 않고 순리대로 받아들인다. 여인처럼 어머니처럼 만물을 낳고 품안에서 키워낸다. 그러면서 기대거나 군림하거나 좌지우지하려 들지 않는다. 낮은 자리에서 묵묵히 할일을 하며 공을 드러내는 법이 없다. 일이 잘되면 전부 제 덕인 줄 알아도 흙은 섭섭해하지 않는다. 생물을 귀히 여기고 사랑하니 모두를 떠안을 수 있는 것이다.
>
> —〈흙으로〉 일부

흙을 지켜보는 작가의 마음은 폐지 부처를 바라볼 때의 심정과 일치한다. 이러한 동질성은 옹기에서 재현된다. 흙으로 만들어진 독은 불로 굽혀진 후 평생 갖가지 물건을 보관해 준다. 작가는 "폭삭 늙어버린 내 어머니"를 연상하면서 자신은 앞으로 어떤 모습을 갖출까를 떠올린다. 독과 작가와의 관계는 언젠가는 흙으로 돌아가야 한다는 운명도 알려 준다. 그래서 강화자는 남달리 황토방에 애착을 갖는다. "부드러운 황토 냄새가 온몸으로 배어 들어왔다."고 회상할 때면 굵직한 대들보에서는 아버지를, 서까래에서는 어머니의 모습을 찾아낸다. 흙냄새와 황토방의 온기를 부모의 '자애심'에 일치시킨다. 그 결과 가족의 공동체 공간으로 설정한 〈황토방〉은 가족애의 둥지로 묘사된다.

가정주부로서 작가는 먹거리에 남다른 관심을 갖는다. 식재료는 손질의 유무에 따라 맛있는 음식이 되기도 하고 쓰레기로 버려지기도 한다. 버려졌던 무가 어엿한 반찬으로 변하는 과정을 그려낸 〈그래도〉는 채소의 변신을 다룬다. 동생이 제주도 여행 중에 버려진 무밭을 발견하고 뽑아서 택배로 보내준 박스를 받은 작가는 무를 다듬으며 "그래도"라는 의미를 천착한다. 한때 버려졌던 무가 맛과 영양소가 풍부한 음식으로 부활하였다. 그 변신은 "그래도"라는 부사에 압축된다. 하찮고 시원찮은 것도 어떻게 손질하는가에 따라 인간과 관계 맺기가 달라진다. 그럼으로써 만물은 제 가치를 드러낸다.

식재료인 무는 인간과 달리 어떤 경우에도 초연하다. 작가는 그것을 다음과 같이 풀이한다. 무는 갖가지 요리 방식도 잘 받아들이고, 다른 주재료를 더 맛나게 하고, 무말랭이가 되어 사철 밑반찬이 된다. 쌀가루와 서슴없이 섞이기도 하고 흰 꽃으로 들판을 꾸미며, 기관지 천식을 낫게 해준다. 씹을 때 아삭거리는 소리를 내어 사람의 귀를 즐겁게 해준다. '무대가리 같다'는 비방에도 속상해하지 않는다. 작가는 부러운 형상과 역할을 무에게 선사함으로써 하나의 인격체로 의인화한다.

> 그래도 무들은 편안히 누워 봄볕을 받아 태닝하는 듯 초연해 보인다. 주인에게 외면당해 자칫 썩어 없어질 뻔했는데

요행히 바다 건너 이곳까지 와서 대접받는 게 좋은가 보다.
밤새 무채를 살피느라 몇 번이나 들락거렸다.

–〈그래도〉 일부

작가는 무말랭이가 말라가는 모습을 지켜보면서 그것의 느긋하고 태평스러운 자세에 경탄한다. 버려졌을 때라도 귀한 용처에 사용될 수 있다는 믿음조차 신뢰한다. 외모가 아니라 본질을 간파한 작가의식이 견고한 주제성을 지켜낸 예의 하나이다.

사물에 대한 작가의 관심은 그림에까지 미친다. "그림 앞에 섰다."는 서두로 시작하는 〈혈도血圖〉는 동래 충렬사에 안치된 동래부 순절도에 대한 감회를 적고 있다. 그림의 주제는 임진왜란 당시 순절한 송상현 부사가 남긴 "싸워서 죽기는 쉬워도 길을 비켜 주기는 어렵다."라는 항전 의지이다. 죽음으로 성을 지키는 전투 장면 앞에서 작가는 "인생의 길을 지켜야 한다."라는 교훈을 얻는다. 피비린내와 민초들의 비명과 병사들의 함성을 현실처럼 느끼는 가운데 그녀가 자각한 것은 함부로 무릎을 꿇지 말며 "죽을 때까지 살아가는 삶"을 지키겠다는 결의이다.

동래부 순절도를 인생 교훈 글귀로 풀이해낸 화자의 해석은 놀랍기만 하다. 자신의 삶에 충절을 지키는 것, 그러므로 순절도를 인생론적으로 언술화한 〈혈도血圖〉는 문제작 중의 하나가 될 수밖에 없다. "충성과 용기가 붉게 물든 혈도 앞에서 온 마음으로 큰절을 올린다."라는 결미 또한 한 폭의 의미 있는 그림을 각자의 마음에 걸어두어야 한다는 점을 일러준다.

강화자에게 모든 사물은 단순히 공간만 차지하고 있는 물건이 아니다. 그녀에게 사물은 생을 새롭게 자각하고 삶의 정도를 지키도록 가르쳐 주는 스승이다. 폐지 부처님의 가르침, 흙의 포용력, 무의 무조건적 헌신, 순절도의 절개를 마음의 눈으로 보고 각 사물이 지닌 본질을 파악한다. 이러한 성찰에 힘입은 수필은 돈독한 에세이의 경지로 무리 없이 나아가고 있다.

3. 떠나서 생각하는 삶

작가에게 인생과 여행은 동일한 의미를 갖는다. 그녀는 낯선 풍경과 마주치면 인생이 무엇인가를 새삼 생각하면서 창작의 문을 연다. 작가란 외로운 여행자로서 갖가지 모험을 거치는 가운데 환희와 좌절로 얼룩진 자신의 진실한 모습을 볼 수밖에 없다. 작가의 여행은 무언가 써야겠다는 영감의 강변을 서성인다. 강화자도 한없이 뻗어있는 길 위에 서면 글을 쓰고 싶은 욕망을 더 강하게 느낀다. 뭉클하게 다가온 풍경에 온몸으로 반응하기도 한다. 그녀는 수필 소재를 얻기 위해서 더 멀리 더 낯선 곳으로 가고 싶어 한다. 그녀에게 여행은 맑은 영감을 되찾는 유일한 시간이기 때문이다.

강화자는 여행을 떠나도 늘 "홀로 앉다."는 자세를 유지한다. 이 순간은 시야 앞에 놓인 풍경을 의미화하는 시간이다. 남해유배문학관으로 갔던 문학기행기 〈홀로 앉다〉는 그녀에게 여행이 무엇인가를 보여준 대표작이다. 작가는 '지금 여기'가 아니라 시간을 거슬러 올라가서 '그때 그곳'의 사람으로 변신한다. 타임머신에 탄 듯한 상상력으로 시공을 초월함으로써 옛 문인을 만나 창작에 필요한 영감을 얻는 수필가가 강화자이다.

> 잘 포장된 바깥뜰에 석포 김만중 선생이 편안히 앉아 있다. 뒤에 있는 연못에서 검푸른 물이 찰랑거린다. 마침 내리쬐는 따스한 오후의 햇살에 그의 얼굴이 더 선명하게 드러났다. 선생은 인자한 눈길로 한참 동안 나를 내려다보셨다. 경험에 귀 기울이고 상상력을 뒤섞어 자신의 글을 쓰라고 이르신다.
>
> —〈홀로 앉다〉 일부

유배문학관에 앉아 있는 작가는 문인은 누구이어야 하는가에 대한 답을 얻는다. 기행을 잠시 멈춘 순간에도 그녀의 의식은 깨어나 글의 길을 걷는다. 그녀의 사유는 마치 경계 없는 시공을 나는 새처럼 자유롭다. "해석의 폭을 넓히면 글의 길도 평탄하리라"라는 자각도 그녀가 여행을 통해 무엇을 얻는가를 보여주는 목록이라고 할 만하다.

이러한 여행은 그녀의 수필에서 거듭 발견된다. 가을 산행길에서 만난 유난히 붉은 단풍나무를 지켜본 심정을 적은 〈단풍나무에게 배우다〉는 인생의 비탈길을 어떻게 올라야 하는가를 설명한다. 찬바람을 받을수록 나무의 빛깔은 순연해진다. 이것을 알게 된 작가는 "아집을 버리고 일을 긍정적으로 여기면 몸과 마음이 단풍잎처럼 자유로워진다."고 기대한다. 산에서 만나는 모든 사물은 나름의 가르침을 지니고 있다. 가파른 길일수록 깨쳐야 할 더 많은 진실을 안고 있다. 그래서 "가을산을 만나러 갔다."는 서두는 "산 냄새가 제대로 느껴진다."라는 결미와 조응할 수 있다.

길에 대한 성찰은 〈멀고도 먼 길〉에서 되살아난다. 인간에게 참으로 먼 길은 죽음으로 향하는 길이다. 그 길은 멀지만 사실은 가깝다. 작가에게 문학의 길은 가까운 듯하지만 진실로 멀다. 1,300여 년 전 백제 멸망 현장에 선 작가는 그 오랜 세월을 단숨에 건너뛴다. 작가로서 그녀는 현재와 과거 사이에 상상의 다리를 놓음으로써 속절없이 떨어진 영혼을 위로하는 한 편의 작품을 쓸 수 있게 된다. 심지어 연리지 나무를 지켜볼 때면 손과 손을 맞잡은 궁녀들이 낙화로 추락하는 안타까움을 절감한다. 이 작품에 제시하는 멀고 먼 길은 문학보다는 삶의 길이다. 손과 손을 맞잡으면 죽음으로 가는 길이 가까워져도 다리에 힘이 생긴다. 순절도에서 "인생의 길을 지켜라."라는 가르침을 얻었다면 백마강 절벽에서 작가는 '함께 걷는' 인생의 길을 찾아내었다.

작가의 길 의식은 해외에까지 뻗치고 있다. 하와이 방문기인 〈할레아칼라 일출〉은 바다 위에 펼쳐지는 일출의 장관을 섬세한 감수성으로 묘사해 내었다. 신비스러운 일출 앞에 선 작가는 첫 손자를 본 감격을 새삼 떠올린다. 아이의 탄생은 가문의 대가 이어진다는 것이므로 어둠을 물리치고 솟아오른 태양은 "옳게 살아가는 법"뿐만 아니라 할머니가 된 작가의 "느긋하고 여유로운 분위기"마저 비추어준다. 일출이 손자를 "가족을 기쁘게 하는 따뜻한 햇살 같은 존재"로 가시화해준다는 점에서 상징적 효과가 참으로 크다.

반면에 아프리카 생태공원을 찾은 기행기인 〈원圓〉은 생사를 초월한 헌신의 원리를 제시한다. 야생 상태에서 살았던 하마가 어떻게 다른 동물의 먹이가 되는가를 보여줌으로써 "조용히 생의 끝자락을 마무리"하는 경이로운 모습에 고개를 숙이게 만든다. 야생의 세계는 냉혹한 먹이사슬의 현장이다. 그들은 살고 있는 동안 경쟁하지만 죽을 때는 서로가 서로에게 연결된 존재의 일부임을 먹힘으로써 보여준다. 사실 모든 동식물은 생명이라는 중심점을 향해 '원'을 그린다. 인간도 여기에 포함된다. 인간의 진지한 존재성도 '어떻게 삶의 마침표를 찍는가'에 있다. 나아가 작가는 하마처럼 "세상에 몸을 주고 가는 것"이 만물의 순리임을 깨친다.

작가는 길을 떠날 때마다 생명의 존귀성과 생존의 엄숙함을 거듭 깨닫는다. 생명 나눔이란 인간사회에 한정되는 것이 아니라 우주 모든 곳에 적용되는 법칙이다. 어쩌면 생명의 존귀함을 망각할 때마다 인간은 여행을 떠나야 할 것이다. 이렇듯 강화자에게 여행은 생의 소중함을 자각시켜 주는 영혼의 순례가 되고 있다.

덧붙이며

강화자 수필가가 ≪옻별≫을 상재했을 때 '작가의 말'에서 이렇게 말한다. "말을 배우는데는 몇 년이 걸리지만/ 침묵을 배우려면/ 몇십 년으로도/ 부족하다던 말이 떠올랐습니다." 작가라면 말보다 침묵이 더욱 진실하고 침묵의 순간에 생의 진실을 온몸으로 배우게 된다는 사실에 동의한다. 그녀는 추억과 일상을 표현하되 "빛나지 않아도 유연한 별"과 같은 작품을 쓰려고 노력한다. 그러한 꿈을 성취하기 위해 여유로운 기다림과 깊이 있는 사색을 한순간도 놓치지 않는다.

수필은 단순히 작가의 삶의 반추에 그쳐서는 안 된다. 독자와 함께하는 대화의 광장이어야 한다. 그것을 위해 고백을 통한 영혼의 나눔을 수행해야 한다. 그때 필요한 것은 진실의 길이고 수필은 그 여정을 체화한다. 이러한 작가적 열망이 녹아든 수필집이 ≪옻별≫임은 말할 필요가 없다.

강화자의 수필은 순결한 내면과 순수한 언어로 짜여 있다. 넘치지도 않고 부족하지도 않은 영혼의 고백을 대면하노라면 작가의 여유롭고 넉넉한 품성이 정갈한 거울에 비친 듯하다. 그녀에게 가족사는 화목한 존재의 집을 짓는 재료이고 갖가지 사물은 성찰을 위한 걸개 역할을 한다. 그녀가 떠나는 여행길은 존재를 찾아나서는 순례이다. 그럴 때마다 자신의 주변에 있는 사물에 새로운 가치와 의미를 부여한다. ≪옻별≫이 강화자 작가가 완성해 낸 수필미학으로서 대화록이 된 이유이다.

강화자 수필집

옷벌

인쇄 2019년 7월 10일
발행 2019년 7월 12일

지은이 강화자
발행인 서정환
펴낸곳 수필과비평사
주소 서울시 종로구 삼일대로 32길 36(익선동 30-6 운현신화타워 빌딩) 305호
전화 (02) 3675-3885, (063) 275-4000 · 0484
팩스 (063) 274-3131
이메일 sina321@hanmail.net essay321@hanmail.net
출판등록 제300-2013-133호
인쇄 · 제본 신아출판사

ISBN 979-11-5933-225-8 03810
값 13,000**원**

이 도서의 국립중앙도서관 출판예정도서목록(CIP)은 서지정보유통지원시스템 홈페이지(http://seoji.nl.go.kr)와 국가자료공동목록시스템(http://www.nl.go.kr/kolisnet)에서 이용하실 수 있습니다.(CIP제어번호: CIP2019026763)

Printed in KOREA

부산광역시 BUSAN METROPOLITAN CITY 부산문화재단 BUSAN CULTURAL FOUNDATION

※ 이 책은 2019년 부산광역시, 부산문화재단 지역문화예술 특성화지원사업의 지원을 받았습니다.